大樂文化

大樂文化

別讓主力賺走你的錢

115張技術圖表，買在最低風險，決定超級獲利

主力剋星一代宗師 **麻道明**◎著

CONTENTS

第 3 章

當主力「試盤」，
你要抓住盤面反映的資訊 *101*

前言

用 115 張線圖破解主力意圖與手法，穩穩累積高獲利

在股市中，技術圖表能反映主力的企圖。

建立部位時的利誘、恐嚇、折磨等騙取籌碼的伎倆，是主力意圖的展現。洗盤中的殺跌、破位、打壓等誘空氛圍，是主力意圖的反映。拉升中的反轉、對敲、題材、消息等拉高手法，是主力意圖的寫照。

出貨中的假拉高、假突破、假訊號等美麗圖形，是主力意圖的裸露。反彈時的刻意拉高、突然放量、快速衝高等虛假的繁榮盤面，也是主力意圖的浮現。

由此可見，從建立部位到出貨的整個做莊過程中，存在著巨大的主力意圖。大陰線與大陽線、黃金交叉與死亡交叉、盤前與盤後、掛單與撤單等等，都會留下主力的痕跡，K線、指標、形態、趨勢和波浪等，背後都藏著險惡的主力意圖。

投資者唯有看懂並掌握主力的操盤意圖，才能安全地與主力共舞，實現跟莊獲利。

主力有如變色龍，擅長編織陷阱

股市幕後存在主力是不爭的事實，特別是在投機氣氛濃厚的情況下，主力為了達成自身目的，其操盤手法更為多變、行跡更加隱蔽，導致盤面複雜、走勢迷茫。

主力如同變色龍，善於變化和偽裝，隨時編織著一個個巨大陷阱，讓廣大的散戶不由自主往裡鑽。

光以股市圖表訊號來說，就有許多若隱若現的技術陷阱，在起伏跌宕的

行情中，引誘散戶蠢蠢欲動、貿然投入，進而席捲他們的錢財，或是令散戶望而生畏，斬斷持股出場，進而劫取他們的廉價籌碼，或是故弄玄虛，製造撲朔迷離的市場假象。

投資者經常感歎：「只緣身在股市中，不識主力真面目。」盤面一幅幅圖表形態，宛如五彩的水晶球，令散戶迷惑叢生、束手無策，而這正是主力狡猾、奸詐、險惡的展現。面對各式各樣的主力意圖，很少人能看穿，更沒有人能破解。

在布滿陷阱的股市中，善良的散戶到底該如何保護自己？

我認為，只有掌握能破解主力陷阱的方法和技術，才能笑傲股林、暢遊股海。因此，我根據股市的運行規律和現狀、主力的操盤意圖和脈絡、散戶的投資特點和習性，潛心研究、實戰檢驗當前股市中的主力行為。

在本書中，我依據自己多年親歷的做莊過程，以通俗易懂的語言，披露主力的內幕和意圖，將其手段袒露於眾，讓散戶找到識破主力意圖的基本方法和技巧，走出技術謎團。

同時，還提供一些有益的建議，使散戶在主力面前掌握一套防身制勝術，可以將計就計，讓主力「搬起石頭砸自己的腳」，最終鑽進自己設置的技術陷阱裡。

如此一來，主力有什麼企圖，散戶就有識破企圖的能力。主力能設置技術陷阱，散戶就有破解陷阱的方法。

書中針對建立部位、試盤、洗盤、反彈，重點剖析主力常用的手段，深入講解盤中出現的假動作、假訊號及假圖表等，詳盡揭露主力的操盤祕密，讓投資者了解主力的操盤底細。

而且，深入分析各個階段的盤面現象、技術特徵、量價關係等，讓投資者透過觀察盤面走勢，洞悉主力意圖，識破操盤手法，進而判斷主力下一步動作，例如：是吸貨、洗盤還是出貨？是反彈、反轉還是拉升？是白馬、黑馬還是病馬？主力成本是多少？是否有潛力？潛力有多大？這些都為投資者提供全新的視角和獨特的思考方式。

總而言之，這本書以「主力意圖」為中心，以「散戶跟莊」為重點，並且用理論為基礎，用事實為準繩，用實例為依據，客觀再現股市的運行規律，生動反映主力做莊的全貌，為廣大的散戶提供一套認識主力、揭露主力

的技術。而且，對於研究股市現狀，辨析股海波動，思索股市未來走向，具有深遠的意義。

　　無論各位讀者是股市小白、資深股民、中小散戶，還是專業操盤手、專業股評人士，都歡迎共同探討。

第 **1** 章

看穿盤面噱頭，
識破主力的真實面貌

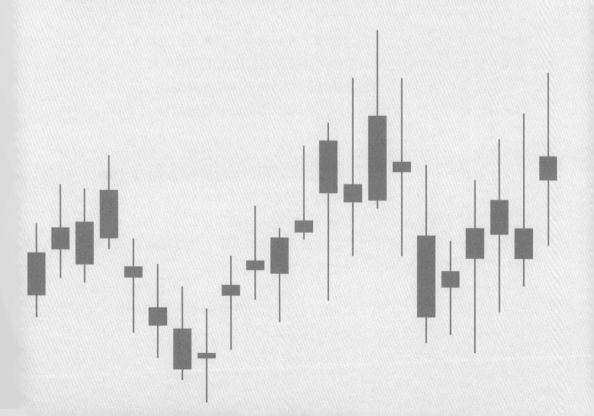

(1-1) 從建立部位到出貨反彈，了解主力才能正確判斷行情

在股市發展中，市場不斷出現新的變化，特別是主力的話題也被賦予新的內涵，因此投資者有必要重新認識和定義主力。

◎ 話題 1：建立部位

在實戰操作中，經常聽到有人問：「這檔股票的主力什麼時候開始建立部位？」「主力建立部位結束了嗎？」「主力建立部位為何要賣出籌碼？」等等。如果在股市發展初期這樣問，表示你是一個新事物的挑戰者，如果現在還有這些疑問，只能說明你是一個新股民，根本不了解主力。

從大方向來說，所有買進籌碼的行為都可稱為建立部位。但嚴格來說，建立部位是主力為了將來炒作，而大量吸納低價籌碼的行為，因此建立部位是一種主力行為。

由於主力需要大量籌碼，所以建立部位是一個過程、一個時段，沒有確切的起點和終點，只有一個集中籌碼的過程。在這個過程中，主力並非一概吃進籌碼，也不是吃進去就不賣出，而是在不斷增加部位與減少部位、集中與分散之間交替循環，跟著市場的冷熱變化不斷高賣低買。因此，不難發現市場「底下有底」，股價低點之後還有更低的低點。這也意味著主力建立部位有時要經歷一個漫長的過程，就是所謂的築底。

有人不禁又問：「這樣主力是不是會加大成本？」主力操盤的確需要成本，但只要沒有重大失誤，即使出現長時間的築底盤整，也不會增加太多成本，因為一個高賣低買的循環，足以彌補利息成本。因此，主力考慮的不是

成本高低，而是獲利大小。可見得，建立部位的過程是一個籌碼滾動的過程，當籌碼達到一定數量且條件許可時，就會往上滾動，股價也會往上噴薄欲出。

從這點來看，散戶在股市上的行為屬於買賣股票，沒有能力控制股價。只有在低點買進後，等待機會在高點獲利賣出，獲取價差利潤，所以本質上不是在「炒股」，因為一般散戶沒有炒作股價的實力。主力則不一樣，在吸納大量的低價籌碼後，可以透過自己的一連串行為，使股價上漲或下跌，基本上都能控制股價的運行趨勢，並從中獲取利潤，因此只有主力才有炒作股價的實力。

同時，主力藉此高賣低買，既可以獲得價差利潤，又可以降低持股成本。因此，有時股價漲不漲與主力一點關係都沒有，只要有機會，主力就做價差，照樣可以獲利，散戶則不可能長期做價差。

話題 2：洗盤

投資者普遍認為，洗盤的目的是主力運用各種手段，驅逐場內散戶，同時吸引場外散戶進場，使浮動籌碼得到交換，以提高市場平均持股成本，達到日後順利拉升和出貨的目的。其實，有這個概念代表對洗盤認識得不夠全面，且忽視重要問題——主力以高賣低買做價差為目的。在解釋這個問題之前，先簡要地分析引起洗盤的原因。

引起洗盤的根本原因，是股價上漲遭到散戶的賣壓，多空意見出現分歧。因為市場剛脫離底部不久，熊市思維依然影響著廣大散戶的持股信心，也就是牛市氣氛沒有形成，不可能有強烈的持股願望，勢必會出現賣盤。這時主力不可能用錢阻止股價下跌，只能順勢而為，加入高賣低買的行列。

舉例來說，股價從7元漲到10元，此時市場跟風盤減少而壓力加大，那麼主力會在10元附近減少一部分籌碼，當股價回落到8元附近時，重新買回一部分，然後股價再次回升，這樣主力部位基本沒有變化，但已成功賺取2元的價差。

由此可見，「什麼時候洗盤、什麼價位洗盤」，取決於盤面變化和賣壓大小，而非主力的意志。主力只是見機使舵，除非獲得某些利多的內幕消

息，頑強地逆勢運作。因此，有些股票拉得很高才出現洗盤走勢，而有的股票沒上漲多少就出現洗盤現象。

一般來說，散戶賣壓很大時，主力不得不洗盤。同樣地，散戶買盤非常積極時，主力不會急著洗盤，而是順勢將股價拉得很高才洗盤，這樣主力的價差空間更大。從這方面來說，主力也是市場追隨者，而一切逆大盤而行的主力，肯定是不成功的主力。當然，主力有製造和誇大（或縮小）市場趨勢的能力，並利用它誤導散戶，進而達到做莊目的，這就是主力的意圖和手段。

在極少數情況下，主力會採取不參與式洗盤，也就是不進行價差操作。例如：當股價上漲到某個價位後，主力放任不管，任憑市場自由波動，讓散戶之間自由交換籌碼。不過，在現階段的股市裡，這類主力並不多見。由此可見，市場因素引發股價震盪，主力見機行事、高賣低買，股價呈現波浪式上漲，這是市場的運行規律，也是經濟發展的規律。

洗盤既是市場客觀因素的反映，也是主力主觀意志的體現。洗盤不僅是清洗浮動籌碼、促使籌碼換手，更重要的是，主力在頻繁高賣低買做價差。因此在分析洗盤時，要結合市場因素、股價位置、循環週期、主力意圖、技術層面等因素，進行綜合研判。

⑤ 話題 3：拉升

有不少人認為，股價拉升是主力吸足籌碼後，依靠自身強大的資金實力，持續將股價大幅拉高，進而獲取巨大的差額利潤。從表面來看，這說得沒有錯，但其實不然，因為股價是投資大眾拉上去的，主力只是擔當領頭羊、衝鋒者的重任，或是發動行情的點火者、號召者。

在拉升過程中，主力只是在關鍵位置點撥一下、在重要關卡疏通一下，其他地方全然依靠集體力量推高上漲。俗話說：「眾人拾柴火焰高」，在廣大投資者的簇擁下，股價出現一輪又一輪波瀾壯闊的上漲行情，是散戶共同努力的結果。

如果沒有主力的引領，股市就群龍無首，如同一盤散沙。同樣地，如果沒有散戶的追隨，股市就黯然失色、一片沉寂。當廣大投資者的追漲熱情消

退時，主力會停止上攻步伐，行情就此偃旗息鼓。可見得，散戶需要主力，而主力更需要散戶，沒有散戶支持和追捧的主力，就是孤軍寡人、單兵作戰，是不成功的主力。從這方面來說，主力既是股市的追隨者，也是散戶的合作者。當散戶缺乏熱情時，這個盤沒辦法操作，當散戶士氣高昂時，主力能把股價拉上天。

還是有人感到疑惑：「股價不是主力拉起來的嗎？怎麼會說是廣大投資者哄抬上去的？」道理很簡單，我舉個例子：某檔股票市價為10元，主力想拉升股價，便在10.10元掛出一筆賣單，接著自己吃掉這筆賣單，股價就漲到10.10元，散戶看到股價拉升，便追進去。然後，主力繼續在上面掛單，再次吃掉，於是股價上漲。此時吸引一些散戶進來，哪怕是非常小的量，也為拉升出了力。此時主力的持股量沒有變，成本也沒有增加多少，股價卻已經上漲，這就是廣大投資者的功勞。

可見得，股價拉升非常簡單，如同「給我一個支點，我就能撐起地球」，給你一個機會，你也可以拉升股價。

話題 4：出貨

經常聽到有人這樣問：「該股主力是不是已經開始出貨？」「股價拉到什麼位置，主力才會開始出貨？」在股市裡，一些散戶和老股民都認為，主力只有將股價拉升到目標價位後，才會在高位開始慢慢出貨。

其實不然，在整個做莊過程中，籌碼始終處於滾動狀態。沒有只進不出，也沒有只出不進的階段，只不過部位有時重（集中）、有時輕（分散）。主力出貨是一個大概的減少部位時段，沒有明確的開始時間，更沒有結束時間（後市不可預料），因此只是一個釋放風險的過程。

舉例來說，一檔股票從5元炒到15元左右時，主力不可能在15元附近才想到出貨，其實從12元、13元、14元就一路拉高並減少部位，後面的上漲便是主力欺騙散戶的誘多意圖。然後當股價回落很低時，主力又開始買進，股價再次上漲，主力再次出貨，最後全面退出。

主力出貨過程通常可分為5個階段；高位減少部位、集中賣出、低點再買進、拉高再賣出、全面出場。整體來說，整個過程是一個低位籌碼集中到

高位籌碼分散的過程，這就是籌碼的集中和分散，也稱作籌碼移動。因此，散戶必須改變對出貨時間的看法，認識到出貨是一個減少部位的過程，且主力有提前釋放風險的前瞻性，這對於散戶防範風險的意識大有幫助。

◎ 話題 5：反彈

很多人認為反彈是主力出貨的一種方式，是老主力最後的出貨行為，出貨結束後，股價再次下跌或創新低。如果股價處於高位，這種可能性較大，但如果處在中低位，很多時候反彈只是一波獨立行情，與原來的行情或主力沒有任何聯繫。

舉例來說，主力在高位順利撤退後，股價出現大幅下跌，這時出現炒作空間，新的短線主力逢低介入，成功做出一波短線反彈行情，然後主力快速撤退，這就是一波獨立行情。這樣的短線行情在低迷的C浪裡，以及牛市初期經常出現。因此，分析時應該與前面的行情分開，以免受到先前的技術形態困擾，這麼做有利於正確判斷行情。

由此可知，在做莊過程中，高賣低買貫穿始終，以賺取價差為重點。無論是建立部位、洗盤、拉升，還是出貨、反彈，所持籌碼都處於滾動狀態。從低點滾到高點，再從高點滾到低點，透過籌碼的集中與分散，獲取價差、賺取獲利，因此投資者必須改變過去的舊觀點，及時掌握主力的新手法與新內涵，才能傲立於股市最領先的地位。

1-2 主力使出發消息、挖題材等 6 種花招，掩飾真正意圖

花招 1：說故事

　　說故事無需投入太多成本，稱得上是最划算的生意，公司發個公告，開個新聞發布會，在網站上發個消息，資金便聞風而至，出現幾個漲停板自然不在話下。因此，主力在選擇潛力股時，喜歡那些可以編造新故事的公司，如此一來股價就會一波接著一波上漲。

　　談到說故事，行動網路、5G、人工智慧等都是好題材，不管是賣煙火、做服裝、蓋房子，無論是地上跑的、天上飛的、水裡遊的，一搭上這些題材，故事講得天花亂墜時，股價就會節節攀高。

　　在跌宕起伏的股市中，只要故事精彩，主力股就會頻繁出沒，例如：賣POS機的新國都（300130）絕對是說故事高手，故事從網路遊戲講到網路金融。自從公司發表擬收購王子遊戲公司范特西後，股價連拉10個漲停板，但在10個月之後，公司最終宣布重組流產。後來，公司表示開拓徵信市場，發表現增方案，募資6億加碼網路戰略轉型，布局「終端＋網路＋金融＋大數據分析」的自有商業生態圈，並表示可能將涉足網路保險，股價一路高升，股價除權前最高收盤價達到155.60。

　　市場上，許多概念輪番演繹，部分上市公司貼近市場熱門概念，故事一集接一集說下去。只要故事精彩，市場就會積極回應，並迎來上漲。比方說，家喻戶曉的故事大王樂視網（300104），以及描繪美好藍圖、但淨利潤下滑69%的暴風集團（300431），還有故事講得蹩腳，連自己人都聽不下去的華天酒店（000428）。

需要注意的是，當故事成為眾人皆知的話題時，不要以為這是確立趨勢、可以介入的訊號，反而應該考慮獲利出場，因為資金總是在故事成形前注入，而在公布資訊後即將撤離。以下介紹股市歷史上較典型的故事，替讀者在辨別故事真假時，提供一點啟發。

1. 蘇寧雲商——電商＋影片＋銀行＋保險

用「持續轉型中」這5個字，形容蘇寧過去的一年恰好不過。早在5年前，蘇寧電器改名為蘇寧雲商（002024），旨在向網路公司轉型。之後，公司宣布實體店和蘇寧易購同品同價，「這是O2O融合模式（將線下商務機會與網路結合）的持續深化」。

在銷售電器的同時，公司斥資2.5億美元收購PPTV（線上影片軟體）的44%股權，進軍影片領域。收購完成復牌後，股價收一個漲停板。

之後，股市熱炒民營銀行概念。蘇寧雲商籌辦銀行的消息一傳出，其股價便應聲大漲8%。接著，蘇寧銀行的名稱被工商總局核准。在這一週的時間裡，股票市值增長近120億元，成為單季度的大牛股之一。

在這個期間，蘇寧雲商還宣布設立保險（放心保）銷售公司。這個舉措第2天便得到早盤股價大漲8%的回應。根據統計資料顯示，當年蘇寧雲商股價漲幅為36.82%。

2. 金飛達——「追概念」伴隨大股東減持

金飛達（002239）是一家服裝民營企業，卻在資本市場博得故事大王的稱呼。金飛達追概念的歷史由來已久，早年風電概念如火如荼時，公司宣布投資1600多萬元進軍風電領域。之後，礦產題材大熱之際，金飛達連續收購2家金礦企業。

這些收購對公司的營業收入貢獻為零，但每當公司做完一個動作後，股價便迎來一輪上漲。緊接著，就是大股東的減持套現。

當手遊概念勃興時，公司在網站發布招聘手遊、網路彩票等熱門領域人才的消息。被眼尖的投資者發現後，公司發布公告承認，有意願向移動網路領域轉型升級。僅憑一則招聘啟事和公告，股價在5個交易日內上漲17%。

隨著上海自貿區概念持續升溫，金飛達再次出手，宣布在自貿區內成立

2家子公司。

「每次公開熱門投資事項，總會引起股價大幅度上漲，投資卻未見獲利。」深交所沒有指名道姓批評金飛達，少數上市公司追逐市場熱門概念，涉嫌透過非實質性跨界投資、業務轉型等方式，迎合市場炒作。

3. 樂視網——涉足電視機與影視公司

樂視網（300104）靠著說故事和銷售概念，將股價炒上天。作為一家以影片網站起家的公司，藉由超級電視概念另闢蹊徑，用低廉的電視機硬體價格捆綁付費觀看服務。在串聯大量使用者的同時，公司從影片插播廣告、應用商店軟體下載的抽成中獲取利潤。樂視也以此為基礎，打造「平台＋內容＋終端＋應用」的生態系統，被業界稱為「樂視模式」。

樂視超級電視的故事只是一個起點。2014年12月，董事長賈躍亭正式透露「see計畫」的具體內容，自主研發智慧電動汽車，將樂視超級電視的成功複製到汽車。此後，超級故事大王再也沒有放過手機業務。

2015年4月，樂視先用「致蘋果的一封信」造勢，隨即在發表會上發布3款手機，他們的核心賣點是樂視網提供的影片內容服務。為了進一步證明樂視手機的價格優勢，賈躍亭甚至直接公布蘋果、三星和小米的BOM物料價格來對比。

至此，集網路內容生態、體育生態、大螢幕生態、手機生態和電動汽車生態於一體的新型網路生態商業帝國，顯現雛形。資本市場喜歡這樣激動人心的造夢故事，一個接一個的故事，讓樂視網的股價快速發展。從2014年12月23日的最低價28.2元起步，一路飆漲，在2015年5月12日達到179.03元的頂點，市值衝破千億，坐上創業板的第一把交椅。

可是，股市對樂視網的前景頗有微詞。2018年1月24日，停牌10個多月的樂視網復牌，股價一連11個一字跌停，如今樂視何去何從，目前仍然沒有好的跡象。

4. 奮達科技——音響公司發布智慧手錶

奮達科技（002681）也是資本市場的大牛股。雖然知名度不高，但股價有年度漲幅高達389.8%的記錄，在滬深2市（上海證券交易所和深圳證券交

易所）全年排名第3，僅次於網宿科技（300017）和掌趣科技（300315）。

在此之前，該股在市場籍籍無名，其股價長期低位徘徊，但它的命運在2013年6月迎來轉捩點。那時，這家原本業務為主營音響的公司，發布一款智慧手錶。這個可穿戴概念，引發機構和選股能力強的散戶熱情，股價從10元附近開始上漲到74元多。根據報導，2013年有63家機構調查研究奮達科技。選股能力強的散戶和游資，也對這家日漸爆紅的上市公司青睞有加。

5. 中青寶——手遊故事促使股價上漲3倍

在2013年，中青寶（300052）的股價漲幅為342.32%，雄踞滬深2市上市公司年度漲幅榜的第4位。中青寶的股價漲得好，與他們的手遊故事有直接關係。

公司上市後，股價區間跌幅一度超過70%，成為滬深2市最大的熊股之一。但在2013年，其股價開始扶搖直上。那時手遊風潮蔓延股市，這間公司在深圳發布一款手遊，並透露後續將有多款自主研發的手遊產品上線。

隨著利多消息傳出，股價連續漲停，從12.62元漲至37元，波段漲幅接近200%。此後，公司競相收購手遊企業，斥資44億元收購2家遊戲公司51%股權。股價受到該消息刺激，再次上漲，當年最高曾超過80元。

6. 華天酒店——跨界玩手遊遭股東大會否決

2013年10月，主營酒店餐飲的華天酒店（000428）在毫無徵兆的情況下，宣布跨界進軍手遊。當時，手遊概念正被市場炒熱。公司計畫投資1000萬元，與深圳融網匯智合作設立一家遊戲公司。華天酒店聲稱，後者是國內成長最快的手遊開發商、營運商和發行商。

但不久之後，媒體發現融網匯智上一年的營收僅52億元，淨利潤為23.62萬元，而且沒有發表成功的遊戲作品。有質疑表示，華天酒店藉機炒概念的意圖明顯。

市場對華天酒店的回饋，沒有像以前的手遊公司那樣熱情。發布進軍手遊的消息後，股價連續3日大跌，跌幅近25%。之後，華天酒店涉及手遊的議案，在股東大會上被全票否決，沒有獲得任何贊成票。

7. 時代出版——沾光 Facebook ＋自貿區

　　時代出版（600551）的主要資產為幾家出版社，但在2012年11月底，公司計畫打造一款「中國版Facebook（社區服務網路網站）」。

　　根據公司的描述，他們開發的「中國版Facebook」是一款叫做「時光流影timeface」的社交平台，預計投入開發金額為200萬元。事實上，這樣的投入是杯水車薪。多位業內人士表示，以200萬元打造中國版Facebook幾乎是不可能的事。

　　不過，資本市場卻認可這樣的題材，從2013年11月28日開始，股價出現連續漲停，在1週內成長近1倍。此外，在上海自貿區概念熱門之際，公司還趁機著落自貿區，沾上自貿區概念之光。

8. 貴州百靈——降糖藥＋民營醫院令股價飆升

　　2013年4月，苗藥（指在苗族聚居地區生長的中草藥材，也指苗族醫藥文化）龍頭企業貴州百靈（002424）發布一則令股市譁然的公告。公司聲稱，將與苗醫楊國順等人，合作開發祖傳治療糖尿病的苗藥祕方，而且擁有隨時一次性買斷楊國順所持祕方的權利，買斷金額最高不超過1億元。

　　後來，媒體調查發現，公司實際掌控人姜偉，早在2012年就已透過他人代持的方式獲得這項專利，但貴州百靈於2013年4月才公告。此時，距離姜偉等人所持股票解禁期還有一個半月，而合作開發苗藥祕方的公告發布後，貴州百靈的股價便宣告漲停。

　　2013年底，公司公布經由祕方研製的降糖藥，具有顯著的降糖效果。雖然多位業內人士表達質疑，但其股價依然迎來漲停。此外，在2012年10月民營醫院概念開始興起時，公司高溢價收購貴陽的一家醫院，次日股價開盤後便衝擊漲停。

　　憑著說故事支撐股價急速飆漲的公司，不只是上述幾家而已，暴風集團（300431）在創業板的連續漲停神話，刺激著無數人的神經。作為一家走在沒落邊緣的科技公司，所謂的VR生態還只是剛開始，其市值卻在短短2個月內翻了近30倍，從上市當天的12億，變成300多億元。此外，迅遊科技（300467）、同花順（300033）、全通教育（300359）等創業板的龍頭股，

無一不是透過說故事向股民兜售未來。

◎ 花招 2：發布消息

在股市中，政策左右漲跌幾乎成為人們的共識。多年的股市運行多少也能反映出這一點，一條利多或利空消息，往往會引發股市的大漲或大跌，讓投資者捉摸不定。

主力出於做莊的需要，通常會輔以消息的手法來達到操盤目的。由於主力具有資訊優勢，往往會先獲得內幕消息，進而提前做好準備。有時主力與上市公司聯手，製造一些非實質性的利多或利空消息，並蓄意誇張消息的影響，人為製造盤面的大幅波動，藉此達到做莊目的。

股市中的消息，上至國家將來的經濟政策、證券法規及新股發行等相關財經消息，下至上市公司經營狀況、配股方案、重組動向等。目前股市抗干擾能力很差，對各種消息的反應非常敏感，再加上人為製造虛假消息的影響，造成股市中流傳的消息越來越令人迷惑。

因此，主力散布各種消息，製造一個個炒作題材，利用散戶跟風追漲的弱點惡炒一番。主力不僅透過模糊的消息謀取價差，更加惡劣的是利用假消息製造騙局，大肆打壓並從中謀利。由此可知，消息是股市中的風險，散戶在實戰中要學會保護自己，增強鑑別能力，不要盲從輕信，以免落入主力製造的陷阱。

散戶該如何正確對待股市中的各種消息？以下將詳細解說：

（1）根據宏觀政策判斷消息的真偽：如果消息的內容符合國家政策，可以密切關注股市表現。如果不符合，可能是人為製造的假消息，可以置之不理。

（2）向權威部門證實消息的可靠性：如果否定消息，要立刻停止買賣。如果肯定消息，應密切注意該股變化。如果股價走勢異常，要迅速賣出，以免越陷越深。

（3）消息是否對股市產生影響：有些消息傳播出來對股市沒有影響，市場反應麻木，可以置之不理。如果消息使股價產生異動現象，應密切關注。

（4）用股價識別消息的真偽：若股價處於歷史高位，有利多消息傳播時，散戶要謹慎、切忌追漲，因為這可能是主力為了引誘股民跟進。若股價很低，傳出利多消息，再加上有成交量配合時，消息可能是真的，散戶可以跟進一些，進一步密切觀察。相反地，若股價處於歷史低位，再有利空消息傳出，消息可能是主力為了打壓吃貨而製造，此時應勇敢建立部位。

總之，散戶不要盲目輕信股市流傳的消息，**切忌把消息作為投資決策的唯一依據**，還要結合基本面、股價的變化，以及消息流傳時股市所處的階段，來識別消息的真偽，之後再做投資決定。另外，要增強長期投資的觀念，不要被消息帶來的短期波動所動搖。

花招 3：挖掘題材

題材是股市炒作的核心，說穿了就是投資一檔股票的藉口，激發市場人氣的工具。有些題材具有實質內容，有些題材純粹是空穴來風，甚至是刻意散布的謠言。

在股市中，各類題材層出不窮、應有盡有，主力經常藉助題材的美麗光環，炮製各種題材，然後發動行情，誘騙散戶追漲殺跌。在不少個股急漲急跌的背後，無不隱藏著主力借題發揮的影子。

主力充分利用投資大眾對某種題材的憧憬，把行情做足做大，然後在高位撤退，將散戶套牢在高位。在當前股市中，題材或概念的魅力遠勝於績優股，於是主力在製造概念和題材方面，更是煞費苦心。

常被主力利用的題材大致有以下5類：

（1）經營業績好轉、改善。

（2）國家產業政策扶持，政府將政策放寬鬆。

（3）將要或正在合資合作、股權轉讓。

（4）出現控股或收購等重大資產重組。

（5）增資配股或高配股分紅等。

一切可以引起市場興趣的話題，都可以作為炒作題材，所涉及的股票就

成為題材股。

主力股成妖的前期一般是沒有題材的，當走出上漲形態後才有題材出現，在後期題材發酵時，吸引一批又一批的游資介入，促使股價大幅上漲。例如：方大炭素（600516）一開始根本沒有炒作題材，後來才有了去產能（漲價概念）＋石墨烯的題材，使游資介入將股價大幅炒高。

一般來說，真正能夠成為市場炒作的題材應具備以下4個特點：

（1）**時髦**：包括政策、技術、轉型（趨向）等領域，政策方面的一帶一路概念、雄安新區概念、粵港澳概念、去產能概念、環保概念、PPP概念等；技術方面的5G概念、360概念、新能源汽車、充電樁概念、柔性概念、獨角獸概念等，轉型（趨向）方面的互聯網、借殼概念、摘牌概念、預增概念、高送轉概念等。這些都是當下最時髦的概念，能夠吸引市場的關注。

（2）**檔次**：國家重量級的，例如金改概念、城鎮化概念、一帶一路概念等。省部級的，例如地方政府的發展規劃、傾斜性措施、政策性扶持等。區域性的，例如自貿區概念、區域地產概念、雄安新區概念等。

（3）**革新**：技術性重大突破，保持行業領先水準，例如區塊鏈概念、觸控式螢幕概念、智慧手錶、人臉識別概念等。

（4）**獨特**：行業獨一無二，具有壟斷地位，且迎來新的發展機遇，例如冠毫高新（600433）是營改增發票的唯一提供商。

所有炒作題材大多逃不出上述4個特徵。在主力的挖掘和誇大之下，這些題材彷彿具有無窮能量，激起人們的購買欲望。事實上，我們無法確定這些題材對上市公司有多大的好處，許多具體情況有待深入分析，絕不能一概而論。市場的特點是只要有題材，就有人樂於挖掘和接受，題材的真實作用反而被忽視。因此，炒作題材紛紜複雜，投資者難免被搞得眼花繚亂，搞不清誰真誰假。

投資者利用題材尋找投資機會時，應該注意以下6點：

（1）**趁早發現題材**。當一個新題材出現時，只要能引起市場共識，就應該順勢而為，充分利用題材來趨利避險。

（2）**題材本身不重要，重要的是能否引起投資大眾的共識**。若能引起市場共鳴、形成熱點，可積極參與；若不能引起市場共鳴，盡量不要參與。

（3）除了股票的本質和業績之外，題材只是主力借用的旗號。那些被主力惡炒太離譜的各種概念，終將回歸其本身的價值，盲目跟風的投資者必然會掉進陷阱不得自拔。

（4）搶在題材醞釀時介入，在題材明朗前退出。由於題材具有前瞻性、預期性、朦朧性和不確定性，要提前判斷、行動。

（5）題材貴在創新，留戀舊題材會吃大虧。在創新題材剛推出時，對與其相關的個股宜採用耐心持有的中長線操作方法。當該題材已被利用很長一段時間，就應採用投機的短線操作法。如果受到題材影響的股價已持續上漲到一定幅度，投資者應堅決不碰，哪怕單日出現漲停或繼續上漲。

（6）注意題材真實性，對虛假題材提高警惕。股市不能沒有題材，但人為杜撰的題材沒有生命力，只有具有真實內涵的題材，才能在市場中發揮作用。

在實戰操作中，判斷題材的真實性時，首先要將題材與盤面走勢進行對比，觀察盤面走勢是否支持題材的存在。其次，根據市場背景判斷題材的真假，題材到底會對盤面造成多大的影響，不是由題材本身，而是由當時盤面情況所決定。

因此，在判斷題材真假時，不能忘記股市背景。在有利做多的市場背景下，順勢而為跟著做多。相反地，在有利做空的市場背景下，只要形勢沒有冷到極點，即使真的有什麼好的題材，也不能看成是真的，短線上漲千萬別追，逢高減碼應是最佳選擇。

最後，在挖掘與宣傳題材時要有標準，超過這個標準就要保持警惕，寧可錯過，不可做錯。可見得，題材的真假無關緊要，重要的是題材的市場反應與號召力。

花招 4：造假報表

資料造假大到官方數字，小到個人資訊。一般來說，上市公司的利潤與收入、成本、費用相關，按照「收入－成本－費用＝利潤」的公式計算出來，但這3項內容都可以人為調節。從這個角度來說，利潤是可以透過做帳

造假的，投資者需要認真揣摩財報數字背後的真實含義。那麼，財報造假有哪些套路？

識別造假不能只觀察財報，因為很難看出端倪，還要結合很多因素綜合判斷，主要的考量有：企業所在行業的狀況、該行業上下游貿易的特性、企業競爭對手的情況、企業自身經營的情況、企業的關聯方和關聯交易、實際掌控人在公司的地位等。

公司財報造假的目的，主要有5個方面：衝刺IPO上市、業績下滑保殼（為了避免被終止上市，採取重組、補貼等措施，以快速提高業績，進而在規定期限內保住上市公司資格的行為）、資產重組、關聯交易和炒概念。

以保殼類的企業來說，金亞科技已經無力扭轉業績下滑的頹勢，這幾年一直努力活在保殼的路上，讓淨利潤爭取在每年年末表現最佳。所以，哪怕是多簽幾個虛假合約虛增收入，也要嘗試。

這裡介紹上市公司常用的5種財務造假手段：

（1）虛構下游客戶或交易記錄以虛增收入。

（2）提前確認收入以虛增當年業績。

（3）成本費用類造假以操縱利潤。

（4）關聯交易造假以虛增銷售收入。

（5）招股說明書造假。

公司財務造假的特徵：規模小，獲利差。從資產和收入規模來看，財務造假公司的資產規模多在5億至25億之間，營收規模大多在10億元以下，北大荒（600598）屬於這裡面的大企業。實務中，一般認為營收10億元是中小型上市公司和中大型上市公司的分界線，收入低於10億元的企業發生財務造假的機率，會大於營收超過10億元的上市公司，見圖表1-1。

從圖表1-1可以看出，淨利潤收入過億的很少，大多是0～1000萬元的淨利潤，獲利能力更差的會出現虧損。而且，財務造假的公司大多是民營企業，這說明它們的財務制度不健全，為了錢鋌而走險，為了保殼千方百計，造假上市或收入。

公司財務造假如此氾濫，與造假將付出的代價太低有很大的關係。神馬股份（600810）虛增78億的收入，證監會只罰它40萬元，可說是低風險、高

圖表1-1	財務造假的公司

公司名稱	資產規模 （億元）	營業收入 （億元）	淨利潤 （億元）	管理層罰款 （億元）
北大荒	72.35	36.54	6.22	50
好當家	51.35	9.87	0.35	—
大智慧	22.81	6.54	-4.46	60
福建鑫森	16.53	1.99	0.37	60
參仙源	15.98	4.79	1.04	60
舜天船舶	13.62	10.05	-54.74	40
欣泰電氣	11.95	3.72	0.57	832
金亞科技	9.5	2.48	0.13	—
步森股份	6.85	4.02	0.11	30
天首發展	4.02	0.34	-3.56	40
亞太實業	2.81	1.05	0.19	60

收入。

　　從上表可以看出，2016年除了欣泰電氣（300372）的罰款達到832萬元，其他涉事公司的罰款都不超過60萬元，而2013年到2015年之間，32家財務造假企業的處罰金額亦不超過60萬元。

　　上市那麼難，殼資源（指股份制公司的股票具有在2級市場流通的資格，該公司也同時享有上市公司的相應權利和義務）那麼貴，區區60萬元的處罰，對造假公司來說算什麼？而且造假的公司那麼多，退市的只有欣泰電氣。管理層不僅忽視眾多有財務問題的企業，對涉事企業也很寬容，生怕打擊沉重。

　　財務造假手段各有千秋。這裡公開萬福生科（300268，現改名為「佳沃

股份」）財務造假過程中的一些細節，讓讀者對公司造假手段、誰很可能造假，有一些線索。

萬福生科（創業板首支財務造假股票）於2003年成立，2009年9月股改（指即上市公司股權分置改革），2011年9月27日上市。主營大米加工業（向農戶收購大米，加工為精米、糖漿、葡萄糖粉等），其產品、技術和客戶市場的替代性很強，註定容易被市場淘汰。

上市後的第2年，也就是2012年9月15日被證監會調查，最終查出企業2012半年報造假，且多條生產線實際上已經停產100天以上。這還不足以讓投資者跌破眼鏡，之後竟然還牽連企業IPO中，財務資料惡意造假的情況，其造假醜聞最終公諸於世。

那麼，企業是如何虛增7億的營業收入？主要是虛構客戶及收入記錄。以下詳細解說：

（1）**在IPO檔及財報中編造下游客戶。**透過復活早已停止合作多年的客戶採購，虛構大額營業收入，對於真實的客戶也虛增收入高達數倍。

（2）**銷售環節一條龍造假。**造假流程有購銷合約、入庫單、檢驗單、生產單、銷售單、發票等真實票據和憑證對應。藉由全程造假，甚至創造新的營收類股。

（3）**控制自然人帳戶，讓資金進出企業，偽造匯款記錄。**憑空產生客戶很難，因為銀行的每筆入帳都有銀行回單，但公司的作假手法沒有停留在帳的層面，而是用現金匯入公司帳戶。作假的資金循環方式是先把帳單上的資金匯入個人帳戶，財務上記錄採購預付款或工程款，之後藉由個人帳戶或願意配合的客戶轉回公司，作為銷售匯款的記錄，藉此虛增銷售收入。若資金是以個人方式匯入公司，就偽造銀行對帳單，不僅在上面加蓋銀行業務章，也在交易方一欄抹去所有自然人姓名，全部顯示匯款公司的名稱。

（4）**將大部分收入轉化為難以核實的存貨及在建工程，以蒙蔽審計。**例如：在2011年末報表中虛增存貨2500萬元（相當於虛構2、3千噸稻穀），從企業2012年6月末公告的資料中，也可以看出在預付款及在建工程款上動的手腳，最終大部分虛擬利潤都轉入在建工程，而在建工程是審計上很難真正估量的。

　　營業收入增加額、貨幣資金資產增加額，就像上市公司業績的 2 隻眼睛，是投資者第一時間關注的。如果 2 隻眼睛一明一暗（即營業收入很高，但沒有賺到什麼錢給員工發年終獎金），就很容易被投資者懷疑誇大營收。

　　萬福生科的高明之處在於，他們在資產中誇大存貨和在建工程，存貨難以計量，對在建工程則向投資者表示，本年度大部分經營成果又投入再投資和資產擴充裡，不但一抹造假的謊言，還營造業績上升的未來預期。

👁 花招 5：改名字

　　「名字改一改，股價漲起來」是股市的亂象。曾幾何時，股市中的上市公司著迷於改名讓股價上漲的遊戲？有的上市公司沒有真正的故事可以說，改公司名稱也可以成為炒作理由，這樣便能引發一波行情。

　　通常，上市公司因為主業變更、摘帽等而改名無可厚非，但僅為了炒作股價而改成吸睛的名字，可能一時得意卻不能長久。部分股票雖然在改名初期快速上漲，但隨後出現持續下跌。

👁 花招 6：資產重組

　　資產重組的投資邏輯是，併購重組容易出現妖股。2017 年以來，後市行情樂觀走揚的妖股，幾乎都有資產重組背景。資產重組包括資產注入、借殼上市、收購兼併、股權置換、整體上市等等，凡是涉及重大股權和核心資產的，都是資產重組。

　　從 2017 年以來，由於併購重組的監管趨嚴，為了規避重組新規的限制，股權轉讓類相關個股受到追捧。上市公司之間的協議轉讓行為，大多是為日後進一步的資本運作鋪陳。在併購重組、資產注入等主題投資仍是常青樹的背景下，投資者可以從股權轉讓概念股中，尋找投資機會。

1-3 主力設下指標、K線、波浪等 5種圈套，干擾散戶出手

　　這是本書的重點內容，這裡僅就主力經常設下的技術圈套，做簡要的歸納和分類，詳細分析與研究則在後續章節中解說。

圈套1：指標陷阱

　　股市技術指標是將原始的市場交易資料，按照一定的方式整理，然後製成圖表。技術指標分析是對整理後的資料、在圖表上的位置及演變趨勢進行分析，據此判斷股價的變化傾向，決定最佳買賣行為。

　　當前，技術指標得到廣大投資者普遍的認同和信任，甚至有投資者依賴技術指標判斷後市，主力常用技術指標製造假訊號欺騙投資者。以下介紹6種常見的假訊號：

　　（1）**位置訊號**：技術指標的相對位置高低可以提示買賣訊號，儘管不同指標數值差別很大，但多數都會有一個大致或完全固定的波動區間，例如：KDJ、RSI、DMI、PSY等技術指標都波動於0～100之間。當指標值小於一定數值時，為買進訊號；當指標值大於一定數值時，為賣出訊號。但市場往往會出現許多虛假的訊號。

　　（2）**方向訊號**：在指標圖形中，技術指標的方向向上為買進訊號、向下為賣出訊號，例如：MA、MACD、TRIX、DMA等技術指標都具有方向指示性。當指標向上運行時，為買進訊號；當指標向下運行時，為賣出訊號。但主力經常利用它的方向訊號製造技術陷阱。

　　（3）**突破訊號**：當指標突破重要壓力位或支撐位、歷史成交密集區、

重要中心平衡位置時，是重要的買賣訊號，例如：MIK、BOLL、MACD、OBV、WVAD等技術指標都具有突破訊號。當指標向上突破時，為買進訊號；當指標向下突破時，為賣出訊號。但在實戰中，突破訊號並不可靠。

（4）**交叉訊號**：圖形中出現多條指標線時，短期快速線由下向上穿過長期慢速線是黃金交叉，為買進訊號；短期快速線由上向下穿過長期慢速線是死亡交叉，為賣出訊號。舉例來說，MA、MACD、OBOS、KDJ等技術指標都具有交叉訊號。但在實戰中，交叉訊號不一定達到預期目的。

（5）**形態訊號**：形態分析中的頭部圖形、底部圖形和中途整理圖形的方向判斷可用於指標分析，該訊號出現在買超或賣超區較為可靠，例如：RSI、PSY、OBV、KDJ等都具有形態訊號。但在實戰中，主力經常利用它的形態訊號製造虛假的技術形態。

（6）**背離訊號**：當指標方向與股價漲跌走勢方向相反時，稱為背離，特別是指標與股價兩者當中，有一個創出新高位或新低位，另一個未能創出時，就是典型背離。當背離訊號出現時，原則上以指標方向而非股價方向，作為買賣依據，例如：MACD、RSI、WVAD、KDJ等技術指標都具有背離訊號。但在實戰中，背離訊號經常成為虛假訊號。

👁 圈套 2：K線陷阱

在股市中，主力常用的虛假K線訊號有以下10種：

（1）**大陽線**：大陽線的失敗形態很常見，許多追高套牢者發生在大陽線裡，因此投資者要注意：①大陽線出現在連續上漲過程的末段時，容易形成誘多陷阱；②成交量劇烈放大的大陽線值得高度重視，通常是出貨形態；③突破前期高點的大陽線是否屬於假突破。

（2）**大陰線**：大陰線常常成為調整或洗盤的形態，有陷阱的意味。通常出現在來不及認真整理的井噴行情中。大陰線的出現是市場以同樣劇烈的方式完成調整，並展開新一輪上漲行情，因此成為虛假的大陰線。

（3）**紅三兵**：由3根陽線組成，每日收市價都高於前一天的收盤價，武士勇往直前的精神躍然紙上，市場趨升的形勢明朗，表示可能見底回升。不過，低位的紅三兵可能是弱勢反彈的表現。對於大陰線之後的紅三兵，要提

防它演變為下降三角形或下降旗型。

（4）**黑三鴉**：當市場還沉浸在樂觀氣氛時，黑三鴉從頭頂掠過，令人不寒而慄。黑三鴉由3根陰線組成，是一種向淡訊號。在低位可能是整理吸貨，在相對高位可能是強勢洗盤，隨後展開新一輪上漲行情。對於大陽線之後的黑三鴉，要注意它演變為上升三角形或上升旗型。

（5）**早晨之星**：早晨之星經常成為主力刻意畫線的形態，因此需要留意這3點：①在第3天拉陽線時，成交量沒有放大；②第4天沒有拉出陽線；③股價下跌超過第3天陽線實體的1/2。如果出現其中1種現象，可能構成假早晨之星；如果同時出現2種以上現象，則假早晨之星確立。

（6）**黃昏之星**：經常成為主力作假的形態，因此需要留意3點：①認真分析行情性質及股價位置，防止被主力洗盤所騙；②如果上影線較長並帶有較大成交量，應減少部位觀望；③如果股價漲幅很大，黃昏之星見頂的機率較大；如果股價漲幅不大，可以認定為回檔整理或洗盤。在實戰操作中，要結合這些盤面現象綜合分析，以辨別黃昏之星的真假。

（7）**身懷六甲**：此形態一般預示股市上升或下跌的力量已趨衰竭，有改變既有趨勢的跡象，但分析時需要注意：①在漲勢與跌勢的後期，留意長陽線或長陰線之後的變化，此形態讓人覺得只是暫時休整而不以為意，但轉勢也許就在眼前；②留意出現此形態時的成交量變化，在放量之後，成交量突然大幅萎縮，市場趨勢改變的可能性甚大；③相較於其他主要的反轉訊號，例如：十字星、大K線等，其反轉訊號次要得多。

（8）**烏雲蓋頂**：分析時要注意：①陰線應開高於陽線之上，但收盤價要大幅回落，深入到陽線實體部分的一半之下，否則意義不大。跌幅越大，訊號越強；②陰線在開盤後曾上衝，但受阻後掉頭向下，說明多頭上攻無力，大盤見頂跡象初露端倪；③陰線的成交量明顯放大，說明主力出貨意願強烈；④此形態為次要見頂訊號，可靠性會因出現的位置不同而不同。

（9）**曙光初現**：主力經常在高位或下跌過程中，製造曙光初現的陷阱。當散戶紛紛看好股價後市走勢而介入時，股價卻出現新的下跌走勢。

（10）**跳空缺口**：操作時要把握4點：①向上跳空缺口突破前的整理形態屬於強勢整理，重要短期均線有支撐，顯示浮動籌碼逐步減少，持股成本日益墊高；②向上跳空缺口突破形態在橫向整理突破後，成交量應相應放

大，股價流暢上升；③向下跳空缺口突破前的整理形態屬於弱勢整理，在橫向整理期間應有相應的反彈過程，反彈次數越多，向下突破的殺傷力越強，下跌幅度越大。若股價只是低位橫盤，向下跳空突破要慎防空頭陷阱；④向下跳空缺口突破形態通常不需要成交量配合。跳空缺口是常見且重要的價格行為，在技術上的含義通常都確定無疑，適合被主力用來吸貨或出貨，形成技術陷阱。主力利用向上跳空缺口形態吸引散戶追高，完成高位出貨任務；利用向下跳空缺口形態迫使散戶出貨，藉此低位建立部位。

在多年的實戰中，主力除了上述常見的假K線形態之外，還有各種虛假K線形態。投資者應擦亮眼睛，明辨真假。

⑤ 圈套 3：切線陷阱

切線理論主要發揮支撐和壓力作用。支撐線和壓力線往後的延伸位置，對價格的趨勢發揮一定的制約作用。一般來說，在股價向上抬升的過程中，一觸及壓力線，甚至遠未觸及壓力線，就會轉頭向下。同樣地，股價從上向下滑落的過程中，在支撐線附近就會轉頭向上。如果觸及切線後沒有轉向，而是繼續向上或向下，就形成突破。但在實戰中，主力經常利用切線製造假突破走勢，誤導散戶做出錯誤決策。以下介紹3個陷阱：

（1）**壓力線**：當股價上升至某價位附近時，上漲受到壓制，升勢開始放緩，形成短期平台或頭部形態。這是賣方在這個價位不斷拋售所造成，空方在這個價位形成一條近乎水平的供給線，暫時止住股價的上漲勢頭，發揮明顯的壓制作用，而這個阻止股價繼續上漲的價位，就是壓力線所在位置。在實戰中，主力常常利用壓力線欺騙投資者。當投資者在壓力線附近紛紛賣出後，不久股價卻向上突破，走出一波上漲行情。

（2）**支撐線**：當股價回落至某價位附近時，由於多方在此積極買進，使股價跌勢站穩，形成短期底部或是觸底回升，成為反轉形態。多方在這個價位形成一條近乎水平的需求線，暫時頂住股價的下跌勢頭，產生明顯的支撐作用，而這個阻止股價繼續下跌的價位，就是支撐線所在位置。在實戰中，主力經常利用支撐線欺騙投資者，當投資者在支撐線附近紛紛介入時，

不久股價卻向下突破，出現一波下跌行情。

（3）**軌道線**：軌道線與趨勢線的突破不同，軌道線的突破不是趨勢反向的開始，而是加速的開始，也就是原來的趨勢線斜率將增加，趨勢線的方向會更加陡峭。軌道線和趨勢線是相互合作的一對，先有趨勢線、後有軌道線，趨勢線比軌道線重要，趨勢線可以獨立存在，軌道線卻不能。需要注意的是，軌道線有提出趨勢轉向的警報作用，如果在一次波動中，股價未觸及軌道線就開始轉頭，往往是趨勢線將要改變的訊號，說明市場已沒有力量維持原來的上升或下降趨勢。

在多年的實戰中，主力除了上述3種作假方法之外，還會利用黃金分割線、角度線、甘氏線等造假欺騙。

◉ 圈套4：波浪陷阱

波浪理論的最大優點是，提前很長的時間預計底和頂，但又是公認最難掌握的技術分析方法，在數浪時容易發生偏差。一般都是事後回頭數浪時，發現符合波浪理論所陳述，而身處股海能準確數浪的人則少之又少，因此容易被主力利用。以下介紹波浪理論中的8個陷阱：

（1）**1浪**：第1浪的初始很像反彈浪，由於經歷下跌的痛苦、漫長的熊市，尤其是C5浪破壞性的下跌，大家熊市思維未變，大多數人都認為是反彈，此時多空爭論較大。投資者依舊看空大盤，稍有利潤即獲利了結，也就是所謂抄底者不能賺大錢就是第1浪，隨後的第2浪回檔較深。第1浪是底部形態的一部分，上升幅度無法預測，且第1浪以5個子浪完成。

由於第1浪與反彈行情相似，因此主力利用這個特點耍花招：一種是主力為了吸貨，獲取散戶的低廉籌碼，在盤面上製造假的第1浪，這是反轉；另一種是主力為了出貨，讓散戶進場接走盤中籌碼，在盤面上製造假的第1浪，這是反彈。

（2）**2浪**：第2浪是對第1浪升幅的調整，第2浪調整以a、b、c 3浪運行，第2浪調整通常是第1浪的0.382、0.5和0.618倍，其成交量比第1浪明顯萎縮，主力誘空吸籌，惜售明顯，成交量顯著減少。第2浪調整的形態直接

決定後市的強弱，是研判後市走勢的關鍵。

由於第1浪的性質，主力在第2浪調整時多以誘空試洗盤。此時可以產生四兩撥千斤的效果，是主力常用的伎倆。

（3）3浪：這是有爆發力的上升段，通常以延伸形態出現，它的運行時間和上升幅度是推動浪中最長的，上升幅度是第1浪的1.618倍或2.618倍。第3浪成交量大增，重新找回投資者的信心。股市基本面各種利多不斷、人氣沸騰，週邊資金在賺錢效應下不斷加入，並推動股價上升，在日線圖上經常出現跳空缺口且不回補，指標經常出現買超鈍化現象。由於第3浪有爆發的特徵，常常被主力用來虛漲聲勢，製造假多市場，誘騙散戶跟風。

（4）4浪：經過第3浪的大幅上漲後，股價處於高位，先知先覺者獲利豐厚而出場。此時多空雙方分歧較大，多方吸貨進場，空方出貨出場，形成多空平衡。第4浪通常以複雜三角形態出現。第4浪和第2浪調整有很強的互換性，例如：第2浪以簡單形態出現，第4浪調整就以複雜形態出現，反之亦然。時間也是這樣，若第2浪調整時間過長，則第4浪時間較短。第4浪跌幅通常是第3浪升幅的0.382倍，且第4浪底必定高於第1浪頂。由於受到第3浪大幅上漲的誘惑或刺激，主力在第4浪調整時大多是誘發市場做多，但也有誘發市場做空的時候。

（5）5浪：上升中成交量減少、技術指標背離、績優股和領頭羊類股上升乏力、垃圾股雞犬升天，是第5浪的典型特徵。第5浪通常與第1浪等長，或上升目標是第1浪至第3浪的0.618倍。若第5浪以傾斜三角形出現，則後市會急轉直下，快速下跌至傾斜三角形的起點。若第5浪高點達不到第3浪高點，則形成雙頭形態。由於第5浪後勁不足、力道有限，常常被主力利用。

（6）A浪：A浪回檔時震盪幅度加大，主力出貨堅決，成交量放大，股價卻下跌。如果A浪調整呈現3浪下跌，後市下跌力道較弱，接下來的B浪反彈會上升至A浪的起點或創新高。如果A浪是以5浪下跌走勢，表明主力看淡後市，B浪反彈高度只能到A浪跌幅的0.382、0.5或0.618倍，後市C浪會較弱，而A浪下跌的形態往往是研判後市強弱的重要特徵。主力在此作假有2種現象：一種是誘多，A浪原本是多翻空的大轉變時期，但部分投資者以為股價升勢尚未結束，認為是回檔而介入卻遭受套牢；另一種是誘空，主力完成5浪走勢後，造成出貨假象，在投資者基本出場後，便發動主升段行情。

（7）B浪：B浪反彈一般以3浪形式出現，投資者經常誤以為多頭行情尚未結束，並對後市抱有幻想，但此時成交量不大，價量已呈現背離。一般人經常把5浪與B浪弄混，而B浪反彈卻是主力最後逃跑機會。主力在這裡造假的方法，主要是讓投資者誤以為出現新行情，或是將反彈當成反轉看待，紛紛介入而被套牢。

（8）C浪：呈現無量空跌的狀態。主力盤中砸盤明顯，基本面及消息面頻繁出現利空，利多消息往往成為主力出貨良機，市場人氣渙散，資金不斷抽離，所有股票全面下跌，並出現恐慌性賣盤且破壞性極強。與3浪正好相反的是，C浪必須以5個子浪的形態出現，C浪結束即是新的升段開始。由於C浪具有很強的破壞性，所以主力在這個階段極力營造恐慌盤面，騙取散戶的低廉籌碼，為新行情做好準備。

💲 圈套5：形態陷阱

形態是判斷股票走勢、所處階段、股價潛力及主力意圖的重要技術分析方法。但是，標準形態的上漲潛力小，怪異形態的上漲潛力大。其實，真正標準形態往往是主力刻意打造出的假形態，多數產生反向進行，而真正能上漲股票的形態則隱藏在不規則的K線中。以下介紹3種形態陷阱：

（1）**底部形態**：在實戰中，一個看似非常標準的底部技術形態，卻總是走不出標準的上漲行情，例如：假V形底、假W形底、假潛伏底、假頭肩底、假島形底等，這些都是主力利用技術形態騙人。

（2）**頭部形態**：主力為了達到做莊目的，經常構築一些假的頭部圖形，誤導投資者出場，例如：假V形頂、假M形頂、假潛伏頂、假頭肩頂、假島形頂等，這些大多是主力吸貨或洗盤所造成。

（3）**中繼形態**：一般來說，中繼整理形態結束後，股價大多會往原來的方向發展，例如：假三角形、假楔形、假旗形等，但經常出現假突破現象，股價往原來的方向突破後，立即反轉運行，使不少散戶深受其害。

1-4

主力面露笑臉、鬼臉或陰臉，分別代表什麼操作伎倆？

主力笑臉──引誘術

有時主力為了達到做莊目的，會製造一幅非常漂亮的走勢圖，對散戶笑臉相迎，引誘散戶進場。主力擺出笑臉的目的主要有3個：

（1）在拉升時，引誘散戶進來抬轎子，節省拉升力氣。

（2）在出貨時，引誘散戶進來接籌碼，實現順利出場。

（3）既不是為了拉升，也不是為了出貨，而是在底部反覆震盪，充分換手盤中籌碼，提高市場平均持股成本，以厚實底部。其特點是在盤中製造好看的圖表，讓散戶大膽進場、安心持股。

在實戰中，對於這種美人圖，要是沒有深厚的看盤功夫，很容易出錯。如果在拉升途中過早出場，會減少獲利；如果在出貨階段貿然介入，會落入圈套。主力的笑臉有假笑和真笑2種，以下帶你識破。

1. 需要抬轎時──真笑

主力吃足籌碼後自然要進入拉升階段，而拉升要依靠市場力量，才能推動股價上漲。這股力量如果全靠主力自己完成，可能會增加拉升難度或拉升成本，甚至費勁九牛二虎之力，還無法完成拉升任務。因此，這時主力真心誠意需要散戶幫忙，這是主力在真笑，散戶要用力去抬轎，不要以為這是為主力賣力的差事，其實只要散戶為主力出力，主力就會分散戶一杯羹。

投資者買賣股票時，不是追求翻倍的股票，而是在主力拉升時跟緊，在

較短時間內獲得可觀漲幅。俗話說：「膽小餓死，膽大撐死。」因此，在主力拉升時期，要敢於追高、買漲，否則無緣品嚐肥肉魚身。

這種笑臉在盤面上表現為一張一弛、大漲小回、漲猛回柔，以便更換散戶抬轎。在日K線上，連續拉出大陽或多根陽線後，出現1～2根小陰線或陰十字（若大陰線或超過3根中陰線，則回檔過深，應另當判別），然後再度拉出長陽或多根陽線，如此拉升股價。在成交量方面呈現溫和放量態勢，一般不會急劇放量。

2. 需要買單時──假笑

主力是在眾多散戶簇擁下被追捧起來，他需要散戶的存在，更需要散戶的奉獻。沒有散戶參加的市場是不全面的市場，沒有散戶追捧的主力是不成功的主力。但是，主力不是慈善家，更不是套牢股民的救兵，他需要生活，更需要金錢。不過，這些錢從哪裡來？答案是將股價從底部拉到高位後，在高位把籌碼賣給散戶，從中獲取豐厚的差額利潤。

但是，現在的散戶已經不好對付，經過20多年腥風血雨的市場磨練後，散戶也學得成熟精明，不輕易接下燙手山芋。於是，奸詐狡猾的主力表露出皮笑肉不笑的面容，虛情假意地向投資大眾發出做多訊號，將圖形、指標、K線等做得非常漂亮，幾乎找不出破綻，以吸引場外資金跟風進場，為股價推波助瀾。這時主力悄悄將籌碼賣給散戶，例如各種形、線、價、量的假突破，這正是本書後續要研究的重點。

主力經常在高位實現出貨時期，以及被套後等待散戶營救時，露出假臉孔。在盤面上表現為股價有向上突破之勢，甚至創出近期新高，形成猛烈的向上攻勢。在日K線上，拉出幾根大陽線，甚至以當日最高點收盤，成交量明顯放大。這樣構築很完美的圖形，引誘眾多散戶進場買單。自古英雄難過美人關，不少股林將士落入主力的誘人陷阱，被套牢於巔峰上。

⑤ 主力鬼臉──恐嚇術

很多時候，主力為了達到某種目的，刻意畫出一幅恐怖圖表，使市場產生恐慌氣氛，造成大幅下跌的假象，讓散戶紛紛賣出股票，但主力暗中偷吃

籌碼。不久，股價不跌反漲，甚至創出新高。主力恐嚇散戶的目的，主要有騙取籌碼、交換籌碼及測試底部。

　　製造空頭陷阱吸籌是主力常用的手法。主要在技術層面上製造空頭圖表，引發技術派炒手的停損盤出現。當股價回落臨近某些重要的技術支撐位（線）時，主力用事先已吸進的部分籌碼瘋狂打壓，擊穿支撐位（線），極力製造恐慌氣氛，使廣大投資者產生恐懼心理，唯恐股價再下一成。例如：黃金分割線、短期均線、形態頸線位、重要心理關口、成交密集區、前期甚至歷史性底部等，給散戶造成還有很大下跌空間的感覺。市場籠罩在恐慌氣氛中，迫使散戶爭相斬斷部位，而主力則順利吃進大量廉價籌碼，立即將股價拉回支撐位（線）上。這種恐嚇術經常出現在以下3個階段。

1. 洗盤調整時

　　主力洗盤階段經常運用恐嚇術，原因很簡單，如果技術形態或股價走勢十分漂亮，就會增加散戶的持股信心，讓他們堅定地與主力共舞，攀登到股價的頂點，這對主力構成極大的威脅。於是，洗盤不可避免，在底部必須想辦法把原先持股者趕出去，或者在中途讓盤中持股者提前下轎。當然，要同時讓新的、長期看好後市的堅定者進來協助抬轎，盡可能提高散戶平均持股成本，減少拉升壓力。

　　因此，在這個階段，主力容易推出恐慌場面，在盤面上製造空頭技術形態，使散戶誤以為主力在出貨而紛紛出場，結果與大黑馬、大牛股失之交臂，這是主力在洗盤時運用恐嚇術達到的效果。

2. 探測底部時

　　探底幾乎是每個主力都要做的事，在底部未探底之前，不能指望出現漲升行情。底部和頂底是2個敏感位置，主力在頭部採用引誘術，騙散戶接上最後一棒，在底部則採取恐嚇術，讓耐不住久套之苦的散戶盡快出場。

　　有時候主力未必知道股價的真實底部，只有經過反覆探測，才能探明底部位置。為了探測這個位置，主力用各種手法恐嚇投資者，直到投資者不肯賣出股票，股價跌無可跌，才是真正的底部。在實戰中，投資者若在探底時中途出場，是較好的停損方法，但不少投資者熬過一大段苦日子後，在主力

最後的探底過程中，經不住恐嚇而殺低出場，結果讓大牛股從眼前溜走。

3. 構築假頭時

一般來說，主力炒作一檔股票很少一步到位（除了短線主力之外），在完成一輪完整的炒作時，需要經過幾個階段才能實現。因此，在拉升途中，常常製造假的頭部跡象，而假頭部需要恐嚇手法才能達到預期效果。

主力在炒作個股時，更注重從技術形態上，不讓中小散戶過多分享牛股的利潤。隨著市場中出現大量翻倍牛股，主力大幅提高對利潤的預期。為了達到暴利炒作，經常在拉升過程中故意製造短線頭部陷阱，讓一些對技術似懂非懂的散戶在股價回檔時賣出股票。投資者因為害怕股價下跌被套，便在頭部形成時比主力早出場，但原來這是一個假頭部或階段性小頭部，很快又展開新一輪更猛烈的升勢。

👁💲 主力陰臉──折磨術

主力為了達到做莊目的，經常沉著陰臉，對散戶使用折磨術。在K線圖上長時間陰氣沉沉、小陰小陽、方向不明。股價是漲還是跌？當今還沒有股壇高手能夠精確判斷，於是場外者觀之、場內者棄之，主力藉此順利達到吸貨、洗盤及整理的目的。其特點往往是在盤中製造一定的沉悶氣氛，主力看似沒有太大的能耐，股價不會有太好的表現，頂多是謹慎樂觀。主力大多在以下3個時段使用折磨術。

1. 吸籌建立部位時

主力在吸籌時要講究技巧和藝術。若吸籌動作太粗魯，容易被其他投資者察覺而擾亂計畫，甚至影響獲利。若吸籌手法太軟弱，不能如期吸籌，往往會延長時間，同樣影響獲利，甚至錯過最佳時期，而造成虧損。因此，主力借用大勢低迷時，長期橫盤震盪，持幣者因為賺錢機會不大而不願入駐，持股者因為忍受不了主力折磨而出場觀望。這正是主力利用「跌不死你、拖垮你」的方法，與散戶比韌勁，以順利完成吸籌階段。

主力在底部建立部位，遇到大盤上漲時，壓價橫盤徘徊或是小幅上漲或

下跌，給人無主力的感覺。散戶看到其他的股票大幅上漲，自己的股票卻紋絲不動，便心急如焚、持股信心動搖，紛紛賣出持股追隨熱門股。當遇到大盤下跌時，主力卻竭力托價或是微幅下跌（或上漲），散戶以為自己的股票也會出現補跌行情，於是先走為快、免受其套，拿著主力賜予的小惠奪門而出、出場觀望，主力皆大歡喜去接籌。

或者在大盤下跌時，主力先將股價下跌幾個點位後，橫盤震盪、伏兵不動，迎接散戶的賣盤，尾盤又基本回復原位。如果股價列在跌幅榜的前頭，可能在出貨，屬於領跌個股。這種方式的建立部位效果較佳，因為主力常常不按照規律操作，讓投資者捉摸不定。但是，主力這樣操作有一定風險，一旦失當便會作繭自縛，最終無法兌現利潤。

2. 試盤整理時

主力吸進一定部位的籌碼後，要經過試盤才能獲得資訊回饋，根據盤面的變化情況，調整下一步計畫。這時，主力也經常使用折磨術，原因是削減不利因素，使有利因素繼續發展，以利今後的拉高出貨。

主力持有的基本籌碼通常占流通盤的40%～60%，對於剩餘部分，主力不能肯定在此期間沒有其他主力介入，就會給主力造成不少麻煩。2個主力經常幾乎同時介入某股，持股比例差不多，吸貨階段都十分吃力，到最後這支股票雖然不錯，但就是不漲、上下震盪，成交量時大時小，而散戶在這種股票中會被折磨得信心全無。

3. 震倉洗盤時

當股價有了一定的升幅後，上漲遇到一定的壓力，主力開始洗盤換手，但散戶有時很難洗出去。因此，主力不得不採用折磨術，緩緩減弱能量，漸漸收窄振幅，漲時沒勁、跌時不猛。久而久之，盤面淒慘戚戚，市場人氣極為渙散。

散戶看到股價長期不見上漲，擔心久盤必跌而相繼撤退，此時有一些長線投資者開始介入，這樣便達到主力的洗盤目的。

第 2 章

當主力「建立部位」，
你千萬別被騙取籌碼

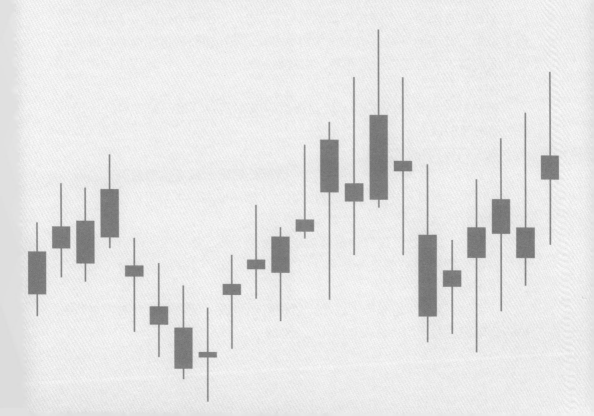

(2-1) 主力建立部位很神祕，
經歷初倉、主倉及加碼的階段

主力建立部位需要一個過程，大致可以分為3個階段：初倉階段（底倉）、主倉階段（集中建立部位）、加碼階段（再買進）。

🔍 階段1：初倉階段

主力最初吸納或持有的籌碼，稱作初倉。在吸納初倉的整個過程，稱為初倉期或初倉階段。形成初倉籌碼有3種可能：一是新資金進場，直接從市場上吸納；二是前一輪行情的少量倉底貨；三是前面2種情況都有，既有新吸納的籌碼，也有過去的倉底貨。初倉籌碼的部位不大，一般占主力總持股的20%以下。

相較於平均持股成本價，這個部位的成本價有時遠高於，有時卻遠低於，而有時則接近。

以下列舉3個例子來說明：

（1）在下跌過程中，用於砸盤的這部分籌碼，或者主力對股市判斷失誤，在市場沒有真正見底之前吸納的籌碼，顯然要高於主力平均持股成本價（如圖表2-1的A所示）。

（2）股價受到下跌慣性影響，出現急速下跌，然後快速回升，這時在低位轉捩點附近吸納的部分籌碼，往往低於主力平均持股成本價（如圖表2-1的B所示）。

（3）經過長期的熊市下跌後，股價跌無可跌，低位窄幅波動，這時吸納的籌碼與主力平均持股成本價相近（如圖表2-1的C所示）。

圖表2-1	初倉示意圖

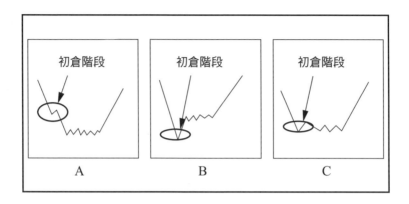

階段 2：主倉階段

主力集中吸納的籌碼，稱作主倉。在整個建立部位的過程，稱為主倉期或主倉階段。主倉是主力建立部位的主體，直接關係到後續的拉升高度和獲利空間。

主倉籌碼基本反映整個建立部位階段的全貌，它是分析主力持股成本及數量的依據，以及反映建立部位的方式、時間及空間等，因此是主力做莊過程中的重中之重。

無論是理論研究還是實戰操作，大多都是以主倉籌碼作為技術分析、研判後市的重要依據。本書內容涉及的建立部位也是指主倉籌碼。

主倉部分所占的比重較大，一般占主力總持股量的60%～80%，有時甚至達到100%，也就是沒有初倉和加碼過程。主力速戰速決一次性完成建立部位計畫，整個建立部位過程只有一個主倉部分，所以沒有主次之別。

由此可見，主力的籌碼構成有4種可能：由初倉和主倉構成；由主倉和加碼構成；由初倉、主倉及加碼構成；由主倉獨立構成。

主倉期是建立部位的主體部分，所需的籌碼量大，時間也比初倉期和加碼期都要長得多。一般短線主力需要5～30天，中線主力需要1～3個月，長線主力需要3個月以上，並且要悄悄進行。一旦洩密，被廣大散戶知悉，跟

圖表2-2　主倉示意圖

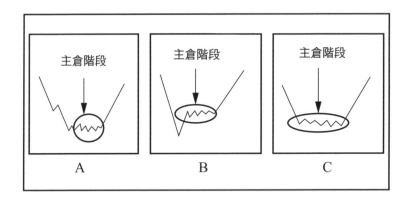

著主力在底部搶籌，便會前功盡棄。

　　實戰中，主力建立部位非常複雜，有時出現初倉量與主倉量接近，或是主倉量與加碼量接近的現象。從持股成本價來說，還會產生4種情形：初倉成本高於主倉成本；初倉成本低於主倉成本；加碼成本高於主倉成本；加碼成本低於主倉成本。

　　無論哪一種情形，在分析持股成本時，以兩者的均價為宜。當初倉量、主倉量及加碼量都較接近時，可以視為一個獨立的主倉建立部位過程。如圖表2-2所示。

　　這是主力集中吸納籌碼的階段，股價處於相對低位，主力在該區域大規模收集低價籌碼。在這個階段完成建立部位量的多寡，將直接影響主力未來拉升股價的能力。收集的籌碼越多，控盤程度越高，市場中的流通籌碼就越少，拉升時的賣壓就越輕，最後實現的利潤也就越大。

　　相反地，收集的籌碼越少，控盤程度越輕，市場中的流通籌碼就越多，拉升時的賣壓就越重，最後實現的利潤也就越小。這造成主力控盤的大小，與日後股票拉升時的累計漲幅成正比，導致追隨主力的散戶總是利用各種方法，挖掘具備「低位高控盤主力股」條件的個股。

圖表2-3　加碼示意圖

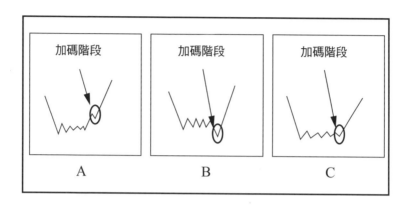

加碼階段　　　　加碼階段　　　　加碼階段

A　　　　　B　　　　　C

階段 3：加碼階段

　　在主力完成主倉期後，有時可能還需要加碼。在加碼的整個過程，稱為加碼期或加碼階段。在加碼期的時間大多短於主倉期和初倉期，成交量出現時大時小的現象，而且可能出現在打壓過程中或是發生在爬升過程中。這部分的部位視當時市場狀況而定，但一般占主力總持股量的20%以下。

　　這個的部位成本價與初倉相似，有時遠高於主力平均持股成本價，有時卻遠低於平均持股成本價，有時則與平均持股成本接近。

　　以下列舉3個例子來說明：

　　（1）在完成主倉期後，股價向上爬高時出現洗盤整理，這時主力如果還沒達到計畫要求的持股量，就要在相對高位加碼，這部分籌碼會高於主力平均持股成本價（如圖表2-3的A所示）。

　　（2）股價受到消息影響或主力打壓，而出現新的下跌走勢，這時主力在低位實施加碼計畫，這部分籌碼往往低於主力平均持股成本價（如圖表2-3的B所示）。

　　（3）在長時間的底部過程中，股價在低位窄幅波動，此時完成最後加碼計畫的籌碼與主力平均持股成本價相近（如圖表2-3的C所示）。

從上述初倉期、主倉期、加碼期這3個階段的建立部位過程，還可以引申出多種主力建立部位的形式。

分析和掌握主力的建立部位過程，對投資者追隨主力很有幫助，可以讓投資者了解主力在什麼價位大規模建立部位、建立部位成本在什麼位置、主力持股數量多少等，進而決定自己的跟莊策略。

2-2 遇到主力用盤整、引誘等 5 個手段，散戶該採取什麼策略？

建立部位手段 1：盤整

1. 橫向盤整建立部位

在經過漫長的下跌調整後，股價到達一個底部區域，這時主力開始悄然介入建立部位，使股價逐漸止跌站穩，股價雖然沒有繼續下跌，但也沒有形成上升走勢，而是出現橫向震盪整理格局。

由於主力在這個區域調動資金收集籌碼，強大的買盤使股價表現得十分抗跌，圖形上形成一個明顯的平台整理區域，但股價方向不夠明確。

這種方式的持續時間通常有1、2個月或半年，甚至更長，期間股價起伏不大，盤面極度疲軟，成交量持續萎縮。但是，如果單純長時間橫盤，會使市場中的賣盤迅速減少，很容易出現沒人拋售的現象，這時只能採用震盪手法，繼續驅逐部分意志不堅定的投資者，如此一來，成交量會有略為活躍的跡象。

由於沒有大陽線或大陰線，不容易引起短線投資者的注意，使主力在橫盤中吸貨的意圖得到極好的隱蔽。主要盤面特徵如下：

（1）**股價處於相對低位。**所謂低位是指這檔股票經過長期下跌調整，通常見頂後跌幅在50%以上，有時候甚至超過70%。通常股價跌幅越大，下跌時間越長，見底站穩的可能性越大。

（2）**盤整時間相對較長。**一般情況下，中線主力的橫盤時間在1、2個月以上，有的長達半年甚至更長。通常，橫盤時間越長，散戶停損就越多。散戶中，很少有人能看著手中持股長時間紋絲不動而無動於衷，因為大盤在

此期間肯定來回好幾次。多數情況下，大家都喜歡停損去追隨強勢股，以期許獲得短期利潤，所以換股操作的想法越來越強烈，主力則恰恰希望這種情況出現，悄悄接納廉價籌碼。

（3）盤整期成交量低迷。主力橫盤吸貨時，基本沒有明顯的放量過程，如果在某時段吸籌過快，很容易導致股價出現波動，而且成交量一旦放大，容易引起市場關注。主力在沒有完成吸籌任務之前，不希望大家看好這檔股票，所以總是一點一點少量吃進，盡量避開大家的關注。當然，偶爾會出現脈衝放量的情況，就是隔一段時間，出現1、2根小幅放量的中陽線。但事後股價不漲反跌，出乎人們意料，過幾天大家自然又將它忘記了。

（4）震盪幅度相對較窄。一般來說，橫盤總是發生在一個較小的箱體中，這個箱體上下幅度不大，一般在20%以內。但是上下的價差，很長時間才能見到，短期內根本無利可圖，不會吸引短線跟風盤。在大部分的時間裡，上下不超過10%，誰也沒興趣去做。主力連續吸籌一段時間後，股價上升一點，為了降低成本，一般會在3～5天的時間內，把股價打回原處，然後重新再來。不過，有的主力很狡猾，做出的箱體十分不規則，震盪的週期來回變化，振幅也不固定，有時根本碰不到箱體的上下邊緣。

這種盤面走勢的主力意圖是什麼？最大的陷阱在於以時間取勝，在長時間的橫盤過程中，折磨持股者的信心，拖垮投資者的意志，讓持股者因為無利可圖又費時而出場，持幣者因為無錢可掙而不願意進場，進而達到建立部位的目的。

經過一段時間的橫盤震盪後，主力大約完成70%～80%的總建立部位計畫，距離整個建立部位計畫只差一點，再透過後面的加碼過程，完成整個建立部位計畫。這時盤面上可能出現3種走勢，以下分別詳細說明。

第1種走勢是主力在盤整中完成主倉期後，故意向下打壓股價製造空頭陷阱，在打壓過程中繼續逢低加碼，然後進入爬高階段。在這個過程中全部完成建立部位計畫，股價進入上漲行情。

見圖表2-4，二六三股價見頂後逐波走跌，經過最後的快速下跌後，股價漸漸站穩築底，這時主力悄悄進場逢低吸納籌碼，股價呈現橫向震盪走勢，持續時間較長。在這段時間裡，大盤處於上漲走勢中，該股卻絲毫沒有

圖表2-4 二六三（002467）的盤面走勢圖

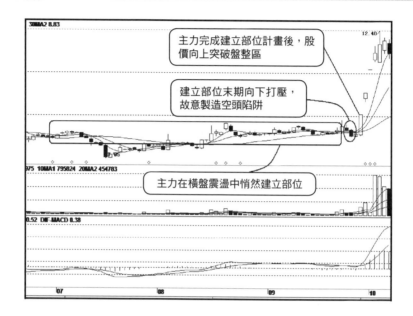

上漲跡象，一些前期被套的持股者經不住長時間的震盪折磨，選擇退出換股操作，一些激進的投資者則在被套後斬斷部位出場。

這時，持幣者一般不會選擇這樣的弱勢個股作為操作對象，一些搶反彈的投資者由於沒有出現持續上漲，而將籌碼還給主力，所以主力在橫盤中建立部位效果非常好。

2017年9月26日，在建立部位末期製造一個空頭陷阱，主力採用向下打壓的手法，將股價大幅壓低，擊穿30日均線的支撐，造成技術破位走勢，形成恐慌的盤面氣氛。這時又有一部分散戶拋售出場，而主力悉數吃進完成加碼計畫，可是股價沒有持續下跌，第2天出現站穩跡象。第3天，一根放量漲停大陽線拔地而起，股價向上突破底部盤區，展開一波快速上漲行情。

在實戰中，經常可以看見這種建立部位手法，一些實力強大的長線主力大多採用這種手法，而且這種方式大多出現在冷門股或大型股中，很少出現在股本小的小型股中。

在實戰操作中，投資者遇到這種橫盤建立部位時，可以採取以下策略：

（1）已經介入的持股者不宜盲目殺跌，應學會與主力比耐心、比意志。當然，這也是無奈之舉。其實，主力花鉅資進場炒作，不會等待太長的時間。如果時間拖得過長，勢必會增加成本，這對主力來說不划算。因此主力建立部位後，股價上漲是遲早的事。

（2）持幣者不要急於介入，應保持觀望、等待時機。一旦時機成熟，立即行動，以80%左右的部位介入，波段滾動操作為佳。

（3）若是短線高手，找準中軸位置，將前期的高點與低點作為參考點進行高賣低買。在建立部位階段的利潤目標不要過高，建議定在10%左右，部位控制在30%左右，一旦被套千萬不要再買進。

（4）若是戰略性投資者，不妨在低位跟隨主力逢低少量吸納。部位控制在15%以下，中線持有，與主力共舞，漲跌不為所動。

第2種走勢是主力直接將股價向上盤升，經過小幅爬高後出現洗盤整理。在洗盤過程中繼續吸貨，完成清洗浮動籌碼和加碼的目的之後，股價拉高進入主升段行情。

見圖表2-5，招商銀行作為藍籌大金融股，在2017年2月至4月這段時間裡，股價在一個平台區域運行，盤面波動幅度非常小，許多散戶對這樣的盤面不感興趣，而主力在這個期間卻大量吸納籌碼，成功完成主倉建立部位的計畫。

當建立部位接近尾聲時，主力沒有採取打壓的手法，而是直接向上突破。5月12日，一根大陽線向上突破長期盤整區，但股價沒有出現持續上漲的行情，而是進入短暫的洗盤走勢，也是突破後的正常回檔現象，此時主力繼續完成加碼計畫。然後股價逐波向上盤高，走出一輪盤升牛市行情，截至7月26日仍然運行於上升通道之中，累計漲幅已經超過40%。

在這檔股票中，主力建立部位的意圖同樣是用長時間震盪整理來折磨散戶，不同之處是加碼期出現在股價拉高之後，讓散戶獲得小利出場，以此達到洗盤和加碼目的，實在一舉兩得。

有的散戶受到長時間被套後，對於虧損心有餘悸，害怕股價再次下跌，當股價停止上攻並出現震盪時，這部分散戶很容易做出減少部位或出場的決

| 圖表2-5 | 招商銀行（600036）的盤面走勢圖 |

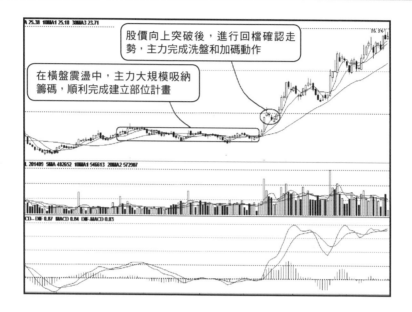

定。另外，多數散戶容易產生滿足感，特別是在低位介入的散戶，當股價停止爬高時，就會迅速落袋為安，所以主力很容易拿到這部分籌碼。

在實戰操作中，主力完成建立部位的計畫之後，直接拉高的做法所占的比例也較大，特別是一些資金實力雄厚的主力，經常採用這種手法建立部位。短線主力或游資主力則很少採用這種方式，因為這類主力講求速度，不會在建立部位階段花費很長的時間。因此，投資者要適當了解並掌握主力性質，才能清楚主力的個性，更好地與它共舞。

第3種走勢：主力在橫盤震盪過程中，順利完成主倉階段的建立部位計畫，甚至超過主倉建立部位計畫的要求。這時如果具備大盤環境，有可能直接進入主升段行情，這類主力資金實力往往非常強大，而且手法凶狠。

見下頁圖表2-6，上峰水泥股價完成一波反彈行情後，回落做橫向震盪整理，調整時間長達4個多月，股價波動幅度較窄，成交量萎縮，盤面上大多呈現小陰小陽或帶較長上下影線的K線。在這段時間裡，散戶的操作難度

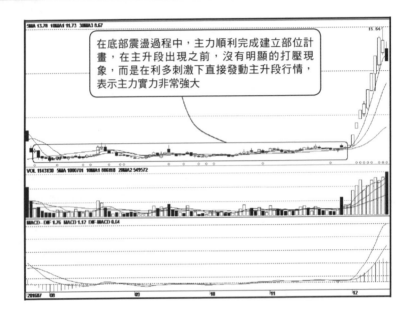

圖表2-6　上峰水泥（000672）的盤面走勢圖

在底部震盪過程中，主力順利完成建立部位計畫，在主升段出現之前，沒有明顯的打壓現象，而是在利多刺激下直接發動主升段行情，表示主力實力非常強大

非常大，一般會失去持股耐性，而主力卻耐心地低吸籌碼，直到完成建立部位計畫。

2016年12月1日股價一躍而起，直接進入主升段行情，一口氣將股價從7.38元拉高到15元上方，短期漲幅巨大。

在這檔股票裡，主力的意圖依靠時間來消磨散戶的意志和信心。在4個多月的時間裡股價上不去、也下不來，盤面不冷也不熱，成交量時大時小，但整體成交量呈現低迷狀態，多數技術指標進入盲區。散戶很難在這段時間裡獲利，因此產生強烈的換股欲望，最終拋下籌碼悻悻出場。主力則如願以償，將籌碼收於囊中，順利完成建立部位計畫。

在實戰操作中，投資者遇到這種橫盤建立部位時，可採取以下策略：

（1）前期套牢者堅決持股不動，等待解套或是獲利機會。

（2）場外持幣者密切關注，不要急於介入，免得受到主力折磨，等待進場訊號。一旦突破盤整區，則立即介入。

（3）若是短線高手，將前期的高點與低點作為參考點來高賣低買，利潤目標在10%左右，部位控制在30%左右，一旦股價向上突破，則加碼操作。

（4）若是戰略性投資者，在橫盤期間少量吸貨，部位控制在15%以下。當股價向上突破後，部位可以加大到80%以上，並一路持有到賣出訊號出現時出場。

（5）橫盤時間越久，突破的威力越大，上漲幅度也越大，而且打破盤局後，若得到成交量的積極配合，則上升力量強大，股價狂升的可能性更大。

2. 跳躍震盪建立部位

這種建立部位的方法相對橫盤建立部位來說，其震盪幅度較大。主力的手法極為凶悍，盤面大起大落，股價快跌快漲，讓投資者領略到搭電梯的感覺，整體趨勢保持在一個橫向運行的過程中。

採用這種方式建立部位的主力，通常實力都較強大，在很短的時間內把股價拉上去，當散戶在暗中盤算利潤時，股價已經回落到原來的位置上，獲利的希望再次破滅。

就這樣，主力反覆將股價快速拉高又快速打壓，拉高和打壓相互結合。很多散戶經不起主力的幾番折騰，最終選擇出場，把廉價籌碼送給主力。這種現象表示股性較為活躍，基本上運行在一個不規則的箱體中。

見下頁圖表2-7，京能置業在高位經過一段時間的橫盤震盪後，在2017年4月至5月出現2波明顯的殺跌走勢，股價向下擊穿前期盤區的支撐，造成恐慌氣氛，讓大量停損盤出場，主力則全部吃進散戶的籌碼。

從5月15日開始，股價出現快速拉高，重新返回前期盤區，這時可以讓受到驚嚇的散戶出場。緊接著，股價在前期盤區附近上下震盪整理走勢，採用大起大落的跳躍式手法建立部位，成交量大幅放大，股價上竄下跳，盤面毫無軌跡可循，擾亂散戶的操作思維。當然，這時主力也在震盪中高賣低買做價差。

當主力完成建立部位計畫後，股價於7月24日發力向上突破，預示該股將進入升勢行情中，不妨多加關注。

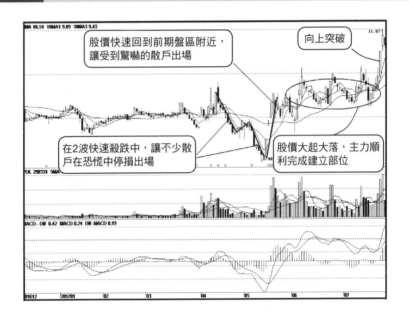

圖表2-7 京能置業（600791）的盤面走勢圖

　　如果分析該股走勢圖，不難發現主力的建立部位意圖。在前期股價調整中，成交量出現持續萎縮的狀態，表明下跌動能已經衰竭，這時主力進場悄然吸納部分籌碼。

　　這是建立部位計畫的初倉籌碼，主力持股比例不大，而且由於該股上市後逐波走低，此時拋售籌碼的人已經寥寥可數，主力很難吸納到大量的低價籌碼。因此，主力特意製造盤面波動，形成上竄下跳走勢，股價快漲快跌，散戶無法掌握規律，難以獲利。在大幅震盪過程中，不少散戶被甩出去，主力進而獲得散戶手中的低價籌碼。

　　其實，有經驗的散戶會發現主力建立部位的舉動。其中一個重要的疑點就是**量價失衡**。在這段時間裡成交量大幅放大，股價卻沒有形成明顯的漲幅，難道是對倒放量出貨嗎？顯然不是。再笨的主力也不會在低價區域放量對倒出貨，因此可以排除主力出貨的可能。

　　既然主力不是在出貨，那麼在低位持續放量而股價不漲就有蹊蹺，這就

圖表2-8　同力水泥（000885）的盤面走勢圖

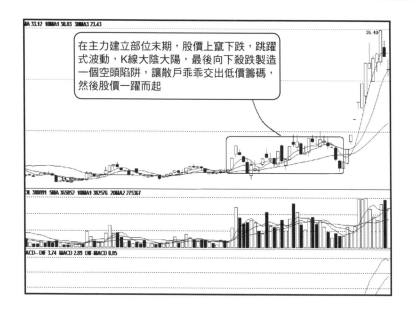

在主力建立部位末期，股價上竄下跌，跳躍式波動，K線大陰大陽，最後向下殺跌製造一個空頭陷阱，讓散戶乖乖交出低價籌碼，然後股價一躍而起

是主力吸貨留下的蛛絲馬跡。而且，該股從形態上構成一個不規則的箱體形態，因此散戶可以在前期低點介入做多，當股價向上突破箱體上邊線時，可以將部位大膽加碼到80%以上。

　　見圖表2-8，同力水泥的主力在橫盤震盪中，已經吸納不少籌碼，但還沒達到主力所需的籌碼數量，於是展開大幅震盪走勢。在2016年12月6日至2017年1月17日這段行情當中，股價上竄下跳，盤面劇烈波動，K線大陰大陽，把不少散戶驅趕出場，將加碼和洗盤融合在一起。在拉升之前，主力還故意下殺製造一個空頭陷阱，趕走最後一批散戶之後，股價出現快速大幅拉高。

　　這種建立部位手法通常有2種盤面走勢：一是在分時走勢中，盤中出現大起大落的現象，多數散戶經不起這種盤面波動而退出；二是在日K線組合中出現大陰大陽，讓許多技術高手找不出破綻。

3. 上下夾板建立部位

這種建立部位方式的特點是，股價基本上運行在一個不規則的箱體形態中，盤面走勢與跳躍式建立部位相似，其盤面特點為股價在箱體內上竄下跳，形成一個下有支撐、上有壓力的夾板。

主力在這個區域內高賣低買，既當買家又當賣家，價格跌下來則低吸籌碼，價格漲上去則用大單打下去。在分時圖上多為急跌後緩慢爬升，上升時成交量逐漸放大。主力時而用小陽線誘惑持股者，使其拋出籌碼，時而用開高走低的陰線，嚇唬持股者出場。這種現象通常有2種情況，以下分別介紹。

第1種情況：壓頂式建立部位，也稱作壓盤式建立部位。主力將股價控制在某個價位以下低吸籌碼，當股價碰觸該價位時，便將股價打壓回落，在K線上往往形成長長的上影線。這被市場認為是上漲壓力大，股價難以突破，因此散戶紛紛將籌碼賣給主力。有時主力在目標價位的地方掛出大筆賣單壓盤，任憑散戶在下方自由操作，以此獲得低價籌碼。

第2種情況：保底式建立部位，也稱作護盤式建立部位。這種方式與壓頂式相反，當股價下跌到某價位後，主力先確定一個底價，然後在這個價位附近震盪，這是主力的基本成本區。若股價隨著大盤上漲後再下跌，通常會在底價附近悉數吸納，這種方式通常會透過延長時間來吸籌。

這2種建立部位方式是主力透過壓頂和保底手法，將自己的成本控制在一個理想範圍內，防止股價大幅波動而影響持股成本和建立部位的計畫，這種走勢通常藉助低迷的市場來實現建立部位計畫。同時，使股價在一個狹小的範圍裡波動，大幅減少散戶的獲利空間和機會，增加散戶的操作難度，很多散戶因此出場操作，主力進而完成建立部位計畫。

見圖表2-9，廈門國貿反彈結束後進入箱體整理，形成一個上有壓力、下有支撐的箱體整理形態。在長達9個多月的箱體震盪中，主力吸納大量低價籌碼，基本完成建立部位計畫。

在建立部位末期，主力故意將股價打壓到箱體的底邊線附近，盤面再次形成弱勢格局，但股價沒有擊穿箱體底邊線的支撐。經過上上下下的箱體運行之後，多數散戶已經沒有中長線持有的意願，短線高手可能在箱頂高賣出

圖表2-9　廈門國貿（600755）的盤面走勢圖

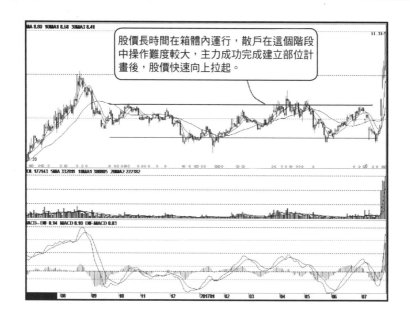

股價長時間在箱體內運行，散戶在這個階段中操作難度較大，主力成功完成建立部位計畫後，股價快速向上拉起。

場，而新股民有可能賣在地板價上，主力則順利完成建立部位計畫。當主力完成建立部位計畫後，於2017年7月21日放量向上突破，股價出現快速拉升行情，短期漲幅較大。

　　從該股走勢圖中可以看出，主力的建立部位意圖是在上有壓力、下有支撐的箱體中，透過壓頂和保底的手法完成主倉吸納計畫，這個過程是主力的建立部位主倉期。

　　如果初倉籌碼和加碼籌碼數量相差不大，那麼箱體的中間價基本上就是主力的持股平均成本價，因此很好掌握這類主力的持股成本價，散戶知道主力的意圖後，接下來的操作便得心應手。

　　而且，從技術面分析，股價在向下突破箱體的底邊線後，沒有出現持續的下跌走勢。這就有個矛盾：既然是向下突破，肯定要有一定的跌幅，出現該跌不跌，表明下跌動能不強，盤中籌碼已經鎖定，浮動籌碼很少，無量空跌走勢肯定是個空頭陷阱，所以股價很快止跌站穩，進入牛市上漲行情。

在實戰操作中，投資者遇到夾板式建立部位時，不要追漲殺跌。短線技術高手可以在箱體內高賣低買，也就是前期低點附近買進，前期高點附近賣出。一般散戶不參與為宜，在股價有效突破箱頂後，可以加大部位介入。

⊙ 建立部位手段2：恐嚇

1. 快速殺跌建立部位

恐嚇式建立部位可以分為2種盤面現象：快速殺跌建立部位和持續盤跌建立部位。這種建立部位手法凶猛，股價經常出現暴跌行情。

主力運用手中已有的初倉籌碼，向下不計成本大幅打壓股價，在日K線或分時走勢中出現斷崖式下跌。在日K線上股價持續下跌20%~30%的幅度後，股價才出現站穩整理或略微向上盤升，主力在這個過程中大規模建立部位，主倉期就出現在這個階段。在分時圖上，股價急跌之後再形成橫盤震盪，集中主要的成交量，主力透過這個平台吸納籌碼。

這種走勢使散戶產生極大的恐懼，爭先恐後紛紛出逃，而主力則一一笑納籌碼。這種建立部位的方式，在大盤向下調整時，或是個股有較大利空出現時，效果更佳。但要求主力控籌程度高、實力強大，且跌幅不要過大，時間也不要太久。

這麼做的原因有2個方面，一是過分打壓可能引發更多賣盤湧出，吃進的籌碼將比預期多更多，很難控制局面，一旦失控，滿盤皆輸。另一方面是，若實質性利多時，還會遭到其他對手搶貨，進而丟失低位籌碼。

這種建立部位手法的主力意圖是透過快速向下打壓股價，特別是大幅打壓或造成技術破位時，加重散戶心理負擔直至崩潰，從而奪取散戶手中的低價籌碼。它的盤面特點有下跌速度快，以及瞬間跌幅大。

見圖表2-10，南寧百貨長期處於弱勢盤整中，成交量大幅萎縮，許多散戶不肯出場，這時主力為了吸納更多籌碼，採用恐嚇手法，從2017年5月11日開始連續向下打壓，股價連續2天跌停，造成極大的恐慌氣氛。

不少散戶看到這個情形，擔心股價繼續下跌而紛紛賣出籌碼。然後，主力又將股價控制在低位進行橫向窄幅震盪，繼續折磨盤中散戶的心理，時間持續一個多月，忍不住的散戶選擇出場換股操作，而主力在這期間悄然大量

圖表2-10　南寧百貨（600712）的盤面走勢圖

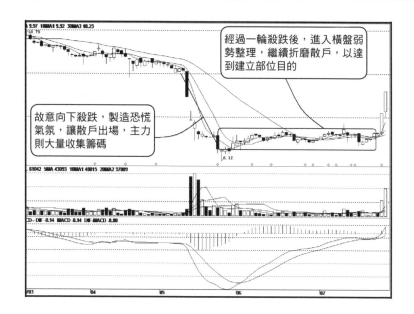

收集散戶的籌碼。當主力順利完成建立部位計畫後，7月25日股價放量向上突破，成功脫離底部盤整區，股價從此開啟上漲行情。

　　從該股走勢圖分析，明顯暴露出主力建立部位的意圖。首先，利用手中的初倉籌碼向下打壓股價，造成一定的恐慌盤面，讓散戶在慌忙中出場。然後主力將股價壓低後，在低位呈現橫向窄幅震盪，再次折磨沒有退出的散戶，迫使其交出籌碼。

　　投資者遇到這種盤面走勢時，如果是淺套，股價又剛起跌時，可以少賠出場，等待站穩後低點補進。如果股價累計跌幅已達到50%以上，不要盲目殺跌。持幣者等待底部站穩時買進中線持有，或者在股價向上突破底部盤區時跟進。

2. 持續盤跌建立部位

　　這種建立部位的方式比快速殺跌走勢溫柔，而且效果不差。通常出現在

冷門股或長期盤跌類個股中，因為這類股票基本上已經被市場遺忘或拋棄。主力在緩跌過程中完成主倉吸納計畫，股價下跌期就是主倉期。在走勢上陰氣沉沉，呈現小陰小陽下跌，疲弱態勢不見終日。

一般情況下，盤跌過程中很少出現跳空走勢，股價整體下跌速度緩慢，單日下跌幅度也不大。但下跌週期很長，難以判斷股價什麼時間可以真正見底，因此出現散戶停損盤。期間震盪幅度不大，成交量萎縮，開盤以開平為多，有時主力為了做盤的需要，故意以開低走高的方法，製造實體很大的假陽線。但當日股價仍在下跌，而且可能連續以這種方式下跌。

投資者大多持悲觀態度，對後市的漲升不抱太多希望，認為每次盤中上衝都是解套或出逃的最佳時機，早一天出場、少一份損失。因此不斷有籌碼相繼拋售，這樣主力就可以吃進大量而便宜的籌碼。它的主要特徵有3個，以下詳細介紹：

（1）整個盤跌期間的成交量整體水準萎縮，盤跌途中遇到反彈時，成交量可能略有放大，但不會很充分，也不能持續，而單日突發巨量的反彈則不太正常，多方顯得過急，但是到了後期，成交量可能會放大不少。

（2）股價緩跌中不斷以反彈方式抵抗，甚至走出局部小型的V形、W形或頭肩底等反彈形態，盤面維持一段虛假的繁榮後，股價繼續下跌。這種反彈是繼續回落累積下跌的能量，直到無力反彈時，股價才可能真正見底。只要股價還有較大的反彈，就無望看到底部，這叫反彈無望或反彈衰退。

（3）股價運行類似波浪運動，只不過像退潮的海水一樣，一個波浪比一個波浪低。也就是說，股價反彈的每一個高點都不及前期高點，高點一個比一個低，低點一個比一個矮，而且從波浪形態和數量很難判斷股價何時真正見底。在一個波浪形態內，一般股價緊貼5日均線下跌，反彈時很少突破30日均線壓力（一個波段下跌結束後的弱勢反彈，股價可能向上碰到30日均線附近）。股價回落整體角度一般在30度、45度、60度左右。

見圖表2-11，鄂爾多斯2017年4月經過快速衝高後，出現放量大幅下跌走勢，股價階段性跌幅達到35%。在這輪下跌行情中，主力持續壓低股價，造成跌勢遠不見底的感覺，讓大批散戶在恐慌中出場，而早有準備的主力卻大量收集散戶賣出的籌碼。

圖表2-11　鄂爾多斯（600295）的盤面走勢圖

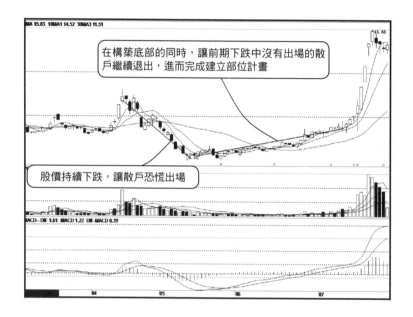

此後，隨著散戶賣盤結束，股價漸漸站穩回升。那麼，為何主力採用緩慢的推升走勢？因為在前期暴跌過程中，仍有一部分散戶來不及退出，而主力採用推升手法，主要是想給這些散戶一個出場的機會。因此，主力一邊推升一邊建立部位，將股價慢慢抬高，當主力基本建立部位完成後，股價進入加速上升階段。

該股主力的建立部位意圖明顯，透過一邊建立部位一邊打壓的手法，導致股價緩緩向下走跌，使散戶失去信心，加上基本面不佳，很快達到主倉期待的吸籌計畫。

遇到這種盤面走勢時，持股者在反彈高點賣出或減少部位，在急跌或跌幅較大時逢低買進，以攤低平均持股成本。持幣者不要過早介入，因為這類股票沒有明顯的底部，正確的做法是密切追蹤、觀察盤面走勢，待放量突破壓力位（均線、趨勢線或成交密集區等）時適量介入，在反轉確認突破有效時加碼買進。

◎ 建立部位手段 3：引誘

1. 快速拉高建立部位

這個方式大多出現在熊市末期和平衡市況中，或是冷門股和長期下跌的股票裡，往往反映出主力實力雄厚或作風凶悍的一面。

主力在低位吸不到低價籌碼，或個股背後藏著某種潛在利多，就採取拉高手法建立部位，迅速將股價抬高，甚至創出歷史新高，讓散戶獲利了結，順利完成建立部位計畫。

這種建立部位手法的優點是犧牲價位、贏得時間，其原因是背後蘊藏著重大題材，一旦被公布，將直接導致股價大幅上升，時間較倉促，來不及在低位吸籌，或出於嚴格的保密需要，擔心其他資金在低位搶籌碼，提前開打市場突襲戰。

從邏輯來說，既然主力願意出高價急速建立部位，表明股價未來應該有極大的上漲潛力，拉高建立部位反映出主力急於吸貨的迫切心態。如果該股後市沒有極大的炒作空間，主力不會投入大量資金。

在實戰中，這種建立部位手法較常見，特別是一些資金實力雄厚的強勢主力股，經常採用這種手法建立部位，給散戶一份安慰，讓他們輕易交出低廉籌碼。有時候，一些短線主力或游資主力也會採用這種方法，因為這類主力講求的是時間而不是價位，一般不會計較幾個價位。

見圖表2-12，華資實業經過長時間下跌調整後，股價到達底部區域，這時主力開始逢低吸納低價籌碼，但低位拋售籌碼不多，主力很難如期完成建立部位計畫。

於是在2017年5月，將股價向上快速拉高到前期高點附近。由於主力非常狡猾，當股價回升到10元上方時，馬上停止拉升步伐，造成股價上漲遇阻的假象，讓股價慢慢回落，主力在股價回落過程中再次大量收集籌碼。6月下旬，當股價再次回升到該價位時，出現同樣的回落走勢，但這次回落具有洗盤和加碼的雙重意義。

從盤中可以看出，6月27日開始連續收出4根縮量調整陰線，雖然陰線實體不大，下跌幅度不深，但給散戶帶來很大的壓力，以為股價無法突破前期高點，擔心股價再次回落遭套牢，進而決定出場。當股價回檔到30日均線附

圖表2-12　華資實業（600191）的盤面走勢圖

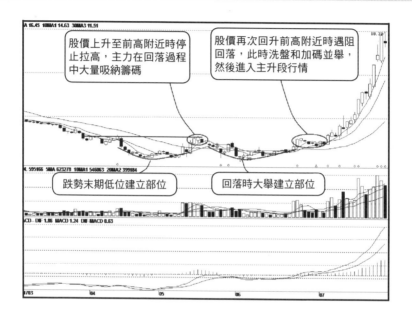

> 股價上升至前高附近時停止拉高，主力在回落過程中大量吸納籌碼

> 股價再次回升前高附近時遇阻回落，此時洗盤和加碼並舉，然後進入主升段行情

> 跌勢末期低位建立部位

> 回落時大舉建立部位

近時，洗盤適可而止，調整結束，股價於7月5日開始放量向上突破，從此走出一波上漲行情。

2. 持續推高建立部位

　　這種方式是市場成功見底後，股價緩緩向上爬升，在盤升過程中完成建立部位計畫，主力一邊拉升一邊吸籌。這種方式大多是由於股價已被市場慢慢推高脫離底部，市場前景普遍看好，投資者出現惜售，只能逐步推高股價來收集籌碼。

　　在圖表上會出現階段特徵，也就是進二退一或進三退一，先拉出2、3根小陽線，再拉出一根小陰線。由於主力無法在相對底部吸取足夠的籌碼，因此持股成本較高，風險也相對較大。

　　因此，主力通常選擇具有豐富題材的股票作為目標股，否則很難得到市場認同，導致後市股價很難大幅炒高，沒有獲利空間。這種建立部位方式的

別讓主力賺走你的錢

條件，通常是在大盤已短期見底，並開始出現轉跌為升的跡象時進場。當然，有時也反映主力實力弱小的一面，不敢將股價大幅拉高，其主要盤面特徵如下：

（1）成交量整體不大，但能夠維持活躍的市場人氣。

（2）單日漲跌幅度都不是很大，在日K線上呈現小陰小陽形態。

（3）小浪推升，30日均線穩健有力，很少形成大型的技術形態。

見圖表2-13，方大炭素在2016年10月完成反彈走勢後，實力強大的主力開始建立部位，採用打壓和推升建立部位的手法。在2016年12月12日至2017年4月25日期間，先後進行5次明顯的打壓動作。

當主力拿到部分籌碼後，改用推升的方法繼續吸納籌碼，在4月17日至6月22日這段時間裡，我們可以看到股價緩緩上漲，盤面不冷不熱，而且重心不斷上移。

在這個期間，一些前期套牢者得到解套或少虧時，在中途選擇退出觀望，而一些低位進場者也選擇獲利了結，如此一來，主力基本上完成整個建立部位計畫。

由於主力採用一邊拉升一邊洗盤的手法推高股價，因此主力沒必要再次洗盤，從6月23日直接進入拉升階段。

從圖中可以看出，主力透過緩慢推升股價，達到一邊建立部位、一邊洗盤、一邊換手的目的，不斷紮實底部，為日後拉升奠定基礎。同時，還表明不給短線投資者進場的機會。不冷不熱的緩升走勢，讓投資者無利可圖，只能遠而觀之，也使主力保持低調走勢，不想過分顯露盤面資訊，免得大戶進場搗亂。

持股者遇到這種建立部位的方式時，應堅定持股信心，持幣者買陰不買陽，也就是在股價下跌收陰線時買進，不在衝高收陽線時介入。介入後緊抓股票不放，以中、長線操作為主，等待盤面放出巨量，進入快速拉升時出場，並以30日均線作為重要參考指標，一旦有效跌破30日均線的支撐，就要立即賣出。

圖表2-13　方大炭素（600516）的盤面走勢圖

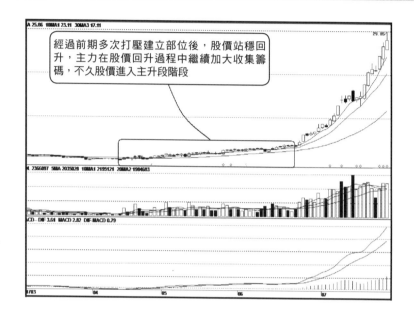

建立部位手段 4：破位

1. 大陰假殺跌

　　股價經過長期下跌後，主力為了達到吸貨目的，刻意向下打壓股價，在底部區域或階段性底部收出最後下跌大陰線，形成加速下跌走勢，以加強市場空頭氣氛，誤導散戶拋售出場。

　　因此，這時出現的大陰線，反映中、短期股價跌幅過大。市場出現非理性殺跌，一般是最後的下殺動作，具有最後殺跌性質，往往反映股價下跌或調整即將結束，這是加速趕底走勢，後市有望止跌回升或形成反轉走勢，因此投資者應該逢低吸納，持股待漲。

　　見下頁圖表2-14，衛士通經過長期下跌調整後，市場處於底部區域，也就是說，市場已經到達跌勢的後期，但主力為了繼續收集低價籌碼，刻意向下打壓股價。2017年7月17日股價放量下挫，在底部區域收出光頭光腳的跌

圖表2-14　衛士通（002268）的盤面走勢圖

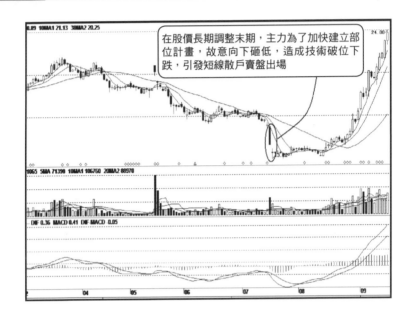

在股價長期調整末期，主力為了加快建立部位計畫，故意向下砸低，造成技術破位下跌，引發短線散戶賣盤出場

停大陰線，使技術上形成加速下跌勢頭。

　　但是，第2天股價只是小幅下跌，由於買盤逢低介入，股價止跌走穩。經過一段時間的築底走勢後，股價漸漸盤出底部，走出一波快速上漲的行情。因此，在底部遇到加速下跌的大陰線時，應密切關注股價後市走勢，只要不出現持續下跌，就可以逢低介入，中線做多。

　　判斷這根大陰線的關鍵，在於股價所處位置。當時股價處於長時間調整的低位，每次下跌都有可能是誘空行為，或是股價慣性下跌所致，因此分析大陰線出現的背景是大家最關注的。

　　而且，雖然當天出現這根大陰線時，成交量有所放大，但整體成交量呈現縮量態勢，在這之前成交量也呈現持續低迷的現象，表示下跌動能漸漸衰竭，屬於無量空跌性質。因此，這就是最後殺跌大陰線，屬於主力誘空行為，投資者可以逢低吸納。

　　在實戰操作中，投資者遇到低位最後大陰線時，應把握以下技術要點：

（1）分析股價所處位置，通常股價階段性跌幅超過50%時，說明下跌幅度較大，市場有反彈或反轉的要求。這時出現最後大陰線時，投資者可以試探性建立部位，如果出現明顯的止跌訊號時，可以加碼做多。

（2）在前期下跌過程中成交量持續萎縮，表示空頭能量釋放完畢，最好是在最後出現大陰線的當天，也沒有明顯的放量現象。

（3）股價止跌之後，不見得馬上會出現上漲，往往是橫向盤整走勢，因為市場總是下跌容易、上漲難，需要更多時間築底走勢。遇到這種情況時，不要動搖持股信心，只要不出現持續性放量下跌，後市股價就會震盪上漲。因此，重點關注「放量」和「持續」2種盤面，就能與主力共舞。

2. 均線假突破

均線具有提示運行趨勢、行情強弱、支撐壓力、助漲助跌及技術騙線較少等顯著優點。當股價由上向下突破均線時，股價由均線上方轉為下方，預示股價漲勢結束，後市將出現下跌行情，因此是個普通的看跌訊號。

在建立部位過程中，主力為了加強建立部位的效果，在低位刻意打壓股價，向下跌破均線系統，形成技術破位走勢，加強市場恐慌氣氛，目的是讓散戶在恐慌中出場，達到順利建立部位的目的。

根據均線週期長短，包括股價突破短期均線、中期均線和長期均線3種類型。在此僅就股價向下突破30日均線為例進行分析，對於其他類型的突破走勢，投資者可以依照本書提供的思路，在實戰中自我研判、總結。

根據多年的實戰經驗，想識別這種建立部位的方式，要重點把握以下3個條件：

（1）股價前期必須經過充分調整，累計跌幅超過50%，盤面最好符合「一波急、二波緩、三波站穩」的特性。

（2）股價前期出現持續縮量過程，而此時又出現放量現象，代表主力建立部位基本結束。

（3）股價向下突破後沒有出現持續下跌走勢，此時縮量更好。

如果個股盤面符合上述3個條件，基本上可以確認主力在盤中建立部位。此時可少量介入，部位控制在30%左右，當股價回升到突破位置上方或

均線系統形成多頭排列時，可以把部位加到80%以上，介入後以中、長線持有為主，一般這類個股是中長線主力所為。

股價向下突破30日均線，大致可以分為3種情況，以下分別詳細說明。

第1種情況是在大幅下跌後的低位，股價向下跌破下跌的均線系統，均線系統繼續呈現空頭發散，盤面進一步走弱，恐慌氣氛濃烈，散戶出現停損盤，此時主力建立部位非常好。

見圖表2-15，華資實業見頂後出現大幅下跌，調整時間長達2年，累計跌幅超過65%，而股價依然沒有見底跡象，30日均線不斷下跌，對股價發揮壓制和向下牽引作用，股價每次反彈結束後，都出現不同程度的下跌走勢。

2017年5月中旬，出現一次放量反彈行情，股價向上突破30日均線的壓制，而此時30日均線仍然保持下跌狀態，導致股價沒能形成持續上漲走勢，且很快出現向下回落，隨後股價分別在2017年5月24日、6月1日和6月12日，再次向下擊穿30日均線的支撐，在盤面上出現加速下跌之勢，均線系統繼續空頭發散，恐慌氣氛進一步加劇。

不少投資者受到前期下跌影響，擔心股價再次下跌，因此紛紛斬斷部位出場。不過，市場總是有太多意外，股價沒有下跌多少就站穩回升，很快走出一波牛市行情。

從圖中可以看出，主力建立部位跡象明顯，主要展現在以下3個方面：

（1）整體：股價調整時間充分，下跌幅度較大，這是主力進場建立部位的前提。

（2）成交量：出現異動放量跡象，表明有主力資金在裡面活動。根據股價處於低位，此時可以排除主力出貨的可能性，那麼這個量就是建立部位量，而非出貨量。

（3）盤面分析：股價向下突破30日均線後，沒有出現持續下跌走勢，特別是第2次、第3次向下突破30日均線後，股價沒有持續下跌，而是緊貼均線下方盤整，且成交量活躍。這使人納悶，既然是突破，為什麼股價沒有脫離突破位置？這種現象是假突破的可能性往往較大。

在實戰操作中，股價跌破30日均線支撐是極常見的事。因此，散戶難以掌握這種建立部位的方式，經常把反彈行情當作主力建立部位的行為看待，

圖表2-15　華資實業（600191）的盤面走勢圖

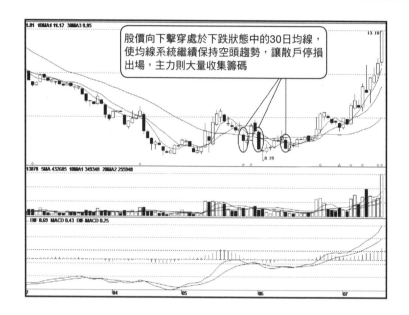

結果介入後被套牢在半途中。

第2種情況是在大幅下跌後的低位，股價向下跌破上漲的均線系統，均線系統走平或轉為空頭發散，形成新一輪下跌之勢，再次形成恐慌氣氛。散戶出現獲利盤和停損盤，主力以此達到建立部位目的。

見下頁圖表2-16，華聯控股長時間處於底部盤整狀態，成交量出現持續萎縮，股價站穩後漸漸見底回升，30日均線由下跌狀態漸漸轉為上漲狀態。主力為了加快建立部位的步伐，分別在2017年3月底、5月10日和5月22日，故意將股價打壓到30日均線之下，對均線系統造成破壞，打擊技術愛好者，產生一定的恐慌氣氛，讓低位獲利盤和前期套牢盤相繼賣出，主力如願以償獲得低廉籌碼。

可是，股價向下突破30日均線後，沒有出現持續下跌走勢。經過一段時間的整理，7月14日股價向上突破，形成加速上漲行情。

根據上述識別這種建立部位方式的3個條件可以發現，在向下突破30日

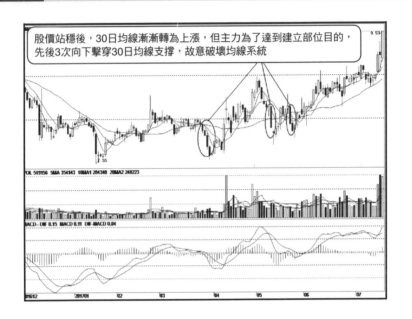

圖表2-16　華聯控股（000036）的盤面走勢圖

股價站穩後，30日均線漸漸轉為上漲，但主力為了達到建立部位目的，
先後3次向下擊穿30日均線支撐，故意破壞均線系統

均線之前，股價已經有了長時間的調整，主力很可能在這個價位建立部位。股價前期出現持續縮量的過程，在站穩回升時成交量溫和放大，說明有買盤資金介入。

在股價向下突破30日均線後，按理說會出現一波下跌行情，但盤中並沒有出現持續下跌走勢，且在前期低點附近獲得技術支撐而回升，代表這是一次假突破行為。

可見得，主力利用向下跌破30日均線支撐，製造一個空頭陷阱，既是一次建立部位行為，也是一次向下試盤的動作。當投資者遇到這種盤面走勢時，可以在前期低點附近試多，當股價向上突破雙重底頸線位後，可以加碼到80%以上的部位做多。

第3種情況是在大幅下跌後的低位，股價向下跌破水平移動的均線系統，均線系統出現向下發散，形成向下突破之勢，開始形成恐慌氣氛。散戶出現賣盤，主力悄然完成加碼計畫。

圖表2-17　濮耐股份（002225）的盤面走勢圖

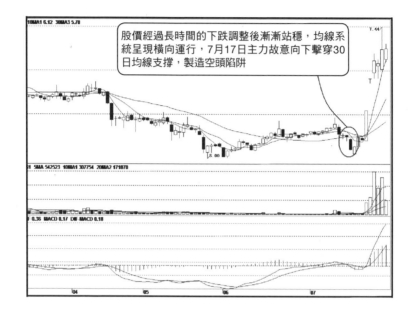

股價經過長時間的下跌調整後漸漸站穩，均線系統呈現橫向運行，7月17日主力故意向下擊穿30日均線支撐，製造空頭陷阱

　　見圖表2-17，濮耐股份經過長時間的下跌調整後，股價漸漸止跌站穩，成交量出現持續萎縮，實力強大的主力悄然入駐，均線系統呈現橫向運行，後市股價方向不明確。這時由於主力前期籌碼不多，為了加快建立部位的步伐，在2017年7月17日向下大幅打壓股價，製造空頭技術陷阱，一根跌停大陰線擊穿30日均線，短期均線呈現向下發散，盤面開始出現恐慌氣氛。

　　此時，有的散戶持股信心開始動搖，繼而將籌碼賣給主力。可是，股價向下擊穿30日均線之後，沒有出現持續下跌走勢，很快便站穩回升。7月21日，一根漲停大陽線拔地而起，向上突破底部盤區，從此股價拉開上漲的序幕。

　　該股主力的建立部位軌跡，先在前期震盪過程中吸納大部分籌碼，然後在站穩過程中繼續加碼吸納力道，最後製造空頭陷阱再次完成加碼動作。總之，主力藉由這次打壓跌破30日均線，在整個做莊過程中具有至關重要的作用，一來加快收集籌碼，二來紮實底部根基，還可以發揮試盤作用。

　　那麼，針對這種盤面走勢，散戶該如何分析、判斷主力的建立部位意圖？透過分析盤面細節不難發現以下2個關鍵：

　　（1）在股價出現反彈之前成交量持續萎縮，表示下跌動能不強，股價距離底部區域不遠，因此排除主力出貨的可能。

　　（2）重點在於股價向下突破這個環節上，這裡有3個問題值得關注：主力為何打壓股價？打壓的力道有多大？打壓之後要做什麼？只要釐清這幾個問題，盤面情況就可以迎刃而解。

　　從該股盤面分析，主力打壓的目的只有2個：一是打壓建立部位，二是向下試盤。在股價向下突破30日均線後，沒有出現持續的下跌走勢，到了前期低點上方就得到技術支撐，說明打壓力道不強，只是點到為止，持續打壓可能會引起反作用。

　　打壓之後股價漸漸向上回升到原來的盤整區附近，這就很難理解了，因為股價打壓下去又上來，主力豈不是白費力氣嗎？答案是不會的。在股價回升過程中，有不少散戶看到大山壓頂而選擇出場操作，這樣主力會獲得很多低價籌碼。散戶知道主力這些意圖後，操作思路就明確了，安全的買點是在股價突破前期平台或30日均線附近（30日均線必須再次上漲，否則過早買進仍有風險）。

　　透過分析上述例子，投資者在實戰操作中遇到股價向下突破均線時，應注意以下4個技術因素：

　　（**1**）**觀察均線系統的排列**。空頭排列時，市場處於弱勢，股價向下運行，此時股價向下突破均線時，真突破的可能性較大。多頭排列時，市場強勢仍將持續，股價向上運行，此時股價向下突破均線時，假突破的可能性較大。均線系統水平移動時，市場處於橫盤態勢，股價方向不明，此時股價向下突破均線時，應該用其他技術分析方法研判。

　　（**2**）**確定股價所處位置**。股價必須處於長期下跌後的低位，盤面經過充分調整，累計跌幅超過50%，最好符合「一波急、二波緩、三波站穩」的特性。

　　（**3**）**判斷成交量的變化**。在股價前期下跌過程中，出現持續縮量現象，而此時又出現放量走勢。

（**4**）**重點突破後的走勢**。無論是往哪個方向突破，盤面必須有氣勢、有力道，走勢乾脆俐落，不拖泥帶水。突破後能夠持續發展，既然是突破就不應該磨磨蹭蹭。如果突破後股價仍不願意離開突破位置，肯定是假突破，股價很快將返回原來的位置，並朝向原來的運行方向繼續發展。

3. 形態假突破

股價在長期的震盪整理過程中，可能形成某些技術形態，例如：常見的雙重形、頭肩形、圓弧形、三角形、楔形或旗形等。股價一旦成功向下突破這些技術形態，表示成功構成頭部技術形態，股價將沿著突破方向繼續向下運行，這是一個普遍看空的賣出訊號。

但是，主力往往反其道而行。「反大眾心理」是主力最大的意圖，也是最有效的手法。主力在底部建立部位時，為了騙取散戶手中的低價籌碼，會製造虛假的頭部形態，恐嚇散戶出場操作。

（**1**）**雙重頂形態向下假突破**。雙重頂形態大多出現在上漲趨勢的頭部，有時也在整理過程中出現，是重要的反轉形態，具有強烈的看跌意義。但在實戰中，形成雙重頂形態之後，經常發生後市出現繼續上漲的情況。這給後市判斷增加不少難度，尤其是主力為了達到目的，借題發揮、誇大效果，故意發出虛假的盤面資訊，導致散戶做出錯誤的買賣決策。

見下頁圖表2-18，西水股份充分表現出主力奸詐狡猾的特性，將建立部位和洗盤手法運用得淋漓盡致。2017年2月3日開始，在大幅調整後的底部採用打壓建立部位手法，讓股價破位走低，引發大批散戶恐慌出場，進而掠走散戶的大量低價籌碼。

5月2日開始，股價快速反彈到前期盤區附近，但此時主力停止拉升步伐，股價出現震盪走勢，不少散戶感到上漲無望而出場觀望。經過一段時間的震盪整理，形成一個雙重頂形態，6月2日向下跳空開低後，主力順水推舟，略施陰謀詭計，順勢輕鬆一擊，股價向下擊穿雙重頂的頸線，同時也擊穿30日均線，形成技術破位之勢。

不少散戶見到這個情形就心慌意亂，紛紛賣出籌碼，而主力如魚得水，輕而易舉地騙取散戶的低廉籌碼。可是，股價沒有出現持續下跌走勢，站穩後很快回升到整理形態之內。經過一段時間的整理後，於6月21日開始放量

圖表2-18　西水股份（600291）的盤面走勢圖

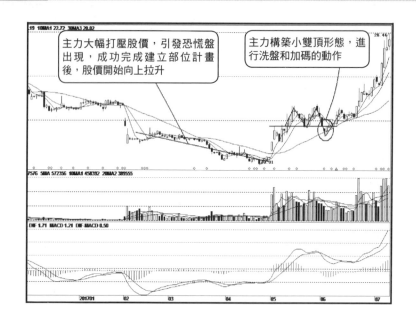

上攻，一匹大黑馬就這樣奔向市場。

　　這種建立部位的方式是利用某些技術形態借題發揮，故意擊穿形態的頸線位，造成技術破位走勢，進而渲染空頭氣氛，使散戶在恐慌中賣出籌碼。那麼，如何解讀該股的盤面走勢？

　　從該股的圖表可以看出，主力故意將股價跌破雙重頂的頸線，目的之一是為了引起市場恐慌，達到建立部位和試盤的目的，另一個目的是進一步構築紮實的底部基礎。從盤面觀察，當股價跌破雙重頂的頸線時，成交量沒有明顯放大，說明主力沒有大量出貨，賣出的僅僅是散戶的恐慌盤，做空動能並不充足。

　　按理來說，這種形態向下突破後，股價將有一波下跌走勢，但股價不但沒有出現持續下跌，反而很快止跌回升，說明這是假突破動作，主力大量吃進籌碼，封堵股價的下跌空間。所以當股價重返形態後，可以密切關注，一旦發力上攻就可以積極跟進，與主力共舞。

可見得，該股的重大疑點是：股價向下突破雙重頂的頸線位後，沒有恐慌盤湧出，股價沒有持續下跌，顯示籌碼已經被鎖定，該拋售的散戶已經在前期拋售出場。而且，雖然股價向下擊穿雙重頂的頸線位，但距離前期低點非常接近，又有30日均線的支撐，這是多頭的防線，只要這道防線沒有被成功擊穿，散戶就不必擔心。

（2）頭肩頂形態向下假突破。頭肩頂是典型的頭部反轉形態，也是最著名、最可靠、最常見的技術形態，在理論和實戰中具有重要的技術分析意義。股價經過3次上衝後，力道已明顯減弱，越來越多投資者認同後市看淡，主力也難以再度引領市場人氣，盤中缺乏承接力，成交量出現大幅萎縮，股價表現疲軟，無法穿越頭部高位，並隨著股價再次回落，跌破頸線位的支撐，預示即將出現大級別的下跌行情。

但在實戰中，有時一個看似非常標準的頭肩頂形態，實際卻是主力製造的空頭陷阱，讓不少散戶受騙上當。

這種虛假的圖形通常表現為，股價經過長時間的下跌調整後，處於市場底部區域，這時主力開始逐步建立部位。然後股價出現一波小幅反彈行情，當股價反彈到一定的幅度後，遇到上漲壓力而出現震盪，在震盪過程中形成頭肩頂形態。

或者，主力為了吸納更多低價籌碼，往往採用壓箱頂方式建立部位，在震盪過程中形成頭肩頂形態，為了加強恐慌盤面氣氛，故意向下擊穿頭肩頂頸線，造成技術破位之勢。這時候，有不少投資者以為股價後市將出現下跌走勢，因此紛紛賣出籌碼，可是不久股價站穩回升，步入上升通道，成為低位頭肩頂陷阱。

見下頁圖表2-19，隨著滄州大化基本面好轉，股價出現較大幅的上漲，然後在相對高位出現盤整走勢，在震盪過程中形成疑似頭肩頂的形態。在2017年6月1日，股價向下擊穿頭肩頂形態的頸線位，這時不少散戶獲利退出。

其實，主力志在高遠，遠遠沒有到達炒作目標，繼續暗中吸納籌碼，在充分的洗盤換手之後，股價再次步入升勢，形成主升段行情。

主力故意將股價跌破頭肩頂的頸線位，目的是在主倉期收集到更多低價籌碼，同時進一步構築紮實的底部，這也是建立部位、洗盤和試盤的綜合反

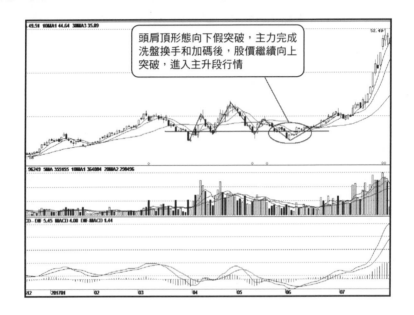

圖表2-19　淪州大化（600230）的盤面走勢圖

頭肩頂形態向下假突破，主力完成洗盤換手和加碼後，股價繼續向上突破，進入主升段行情

映。而且，更重要的一點是在股價跌破頭肩頂的頸線位後，雖然引起散戶恐慌，但股價沒有出現持續的下跌走勢，而是盤踞在突破位置附近，成為假突破嫌疑。

　　散戶不妨想一想，為什麼一個標準的頭肩頂形態向下突破後，股價沒有持續下跌？這不就是假突破嗎？在這裡，主力的建立部位意圖暴露無遺，投資者應該逢低介入，與主力共舞。

　　通常，頭肩頂是一個頭部反轉形態，向下突破是形態的基本特徵，但經常看到向下假突破的情形。當股價成功構築右肩後，在股價出現向下回落時，主力借力一舉向下突破頭肩頂的頸線位，一個標準的頭肩頂形態宣告完成，這樣看空後市的人就會越來越多。

　　不過，股價卻在頸線位附近盤整數日後，又回升到頸線之上，隨後出現升勢行情。於是，一個頭肩頂向下假突破的陷阱宣告形成，這就是主力意圖所在。

　　實戰中還有不少類似的形態假突破現象，例如：倒V形、島形、潛伏形、圓形、盤形、旗形、楔形、N形和長方形等向下假突破走勢。投資者可以根據相關技術要點，綜合分析盤面，提高識別主力意圖的能力和技巧。

4. 趨勢假突破

　　股價在長期的下跌過程中，形成一條明顯的下降趨勢線，呈現一波比一波低的弱勢盤跌走勢，場內交投氣氛冷淡。投資者對市場喪失信心，導致賣盤加重，股價向下跌破趨勢線，出現進一步下跌的勢頭，這通常是一個賣出訊號。

　　或者，股價在明顯的上升趨勢線中運行，如果回落到上升趨勢線時，得不到趨勢線的有力支撐而向下擊穿上升趨勢線時，也是一個賣出訊號。又或者，在長期的運行過程中形成的水平支撐線，股價一旦向下有效擊穿這條線時，就是賣出訊號。可是在實戰中，當散戶紛紛賣出籌碼後，股價卻沒有下跌多少就站穩回升，進而出現一波上漲行情，成為一個空頭陷阱。

　　（1）**向下突破下降趨勢線**。在跌勢末期，主力故意打壓股價，進一步製造市場恐慌氣氛，讓散戶恐慌出場。

　　見下頁圖表2-20，正海磁材股價反彈結束後再次下跌，低點一個比一個低，形成一條明顯的下降趨勢線，表明市場十分疲軟，調整沒有結束。這時，主力為了吸納更多低價籌碼，在2017年5月下旬連續故意打壓股價，向下擊穿下降的趨勢線，形成加速下跌之勢，給散戶造成極大的恐慌，不少散戶擔心深套而不得不出場。可是，當散戶賣出股票後，並未見股價下跌多少，很快便站穩進入盤升行情。

　　那麼，該股為何不會持續下跌？主力意圖是什麼？

　　第一，股價整體跌幅較大，繼續大幅下跌的機率較小，長線投資價值出現，因此低位向下突破成為空頭陷阱的可能性不大。

　　第二，該股在擊穿水平趨勢線支撐後，沒有出現放量現象，表明主力沒有出逃，籌碼穩固，只是賣出一些恐慌散戶，因此不會出現大幅跌勢。

　　第三，雖然一度向下擊穿下降趨勢線，但沒有出現持續下跌走勢，也沒有出現加速下跌之勢，這是主力欺騙散戶的常用手法。

　　第四，主力先前介入的初倉籌碼基本被套，鑑於股價處於底部區域，主

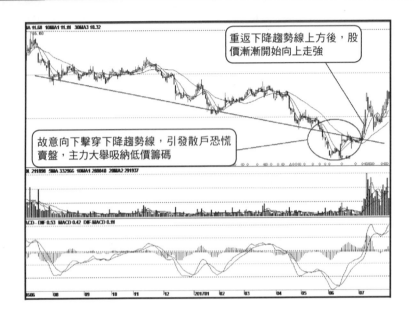

圖表2-20　正海磁材（300224）的盤面走勢圖

重返下降趨勢線上方後，股價漸漸開始向上走強

故意向下擊穿下降趨勢線，引發散戶恐慌賣盤，主力大舉吸納低價籌碼

力基本不會大幅打壓股價，否則容易造成負面影響。

（2）**向下突破上升趨勢線**。在股價止跌站穩後，主力故意打壓股價，向下擊穿剛形成的上升趨勢線，形成階段性行情結束的假象，讓散戶主動賣股出場。

見圖表2-21，方大炭素經過充分調整後，主力進場收集籌碼，股價漸漸站穩回升，形成一條清晰的上升趨勢線，股價沿著小通道向上爬高。

由於這時主力手中籌碼不多，於是在2017年3月下旬故意向下擊穿這條上升趨勢線，通常當股價跌破上升趨勢線，表示反彈行情結束，股價再次步入下跌走勢，構成賣出訊號。

但賣出股票後，股價並未下跌多少就站穩盤升而上，因此形成一個空頭陷阱。隨後，在股價向上盤升過程中，主力繼續採用一邊洗盤一邊加碼的手法，完成整個建立部位計畫。從6月23日開始，股價出現加速上漲階段。

那麼，該股反映出什麼技術問題？從走勢圖中，可以看出3個問題：

圖表2-21　方大炭素（600516）的盤面走勢圖

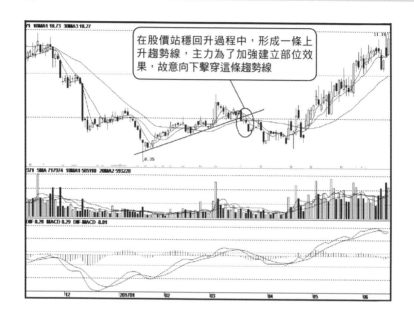

在股價站穩回升過程中，形成一條上升趨勢線，主力為了加強建立部位效果，故意向下擊穿這條趨勢線

（1）股價向下突破上升趨勢線時，成交量不大，通常股價下跌時不強調成交量的大小，但在突破的關鍵位置也要有成交量的放大，才能加強突破的有效性。從該股的盤面分析，可以表示沒有出現恐慌盤，主力對籌碼掌握得非常好，向下突破則進一步加強籌碼的穩定性。

（2）該股步入上升通道後，沒有充分的洗盤調整，所以主力有必要洗盤調整，短期下跌屬於合理，且洗盤是為了更好地上漲。

（3）從價位情況分析，股價整體下跌幅度較大，基本處於歷史底部區域，即使出現下跌走勢，估計跌幅不會很大。只要獲取中間一截利潤就可以，對市場的預測也不可能那麼精確，有時過於精算反而會因小失大。

由此可以認定，該股突破上升趨勢線是一次主力建立部位行為。投資者遇到這種走勢時，以逢低吸納為主，不宜盲目殺低，或是等待反轉有效時再做決定。

在實戰中，一條已形成的上漲趨勢線，對股價上漲發揮助漲和支撐作用，反映市場持續做多勢頭，應繼續看多、做多。不過，有時股價在上升趨勢運行一段時間後，突然被一股巨大的做空力量打破上升趨勢線的支撐，一時間擾亂投資者的思維，因此紛紛拋售股票出場，這種現象經常出現在上漲初期。可是，股價在趨勢線下方短暫停留後反轉向上，步入強勁的上漲行情，讓出場者深感悔意。

藉由分析上述2個例子，投資者在實戰中遇到股價向下突破趨勢線時，可以從以下6個方面判斷：

（1）股價向下突破趨勢線後，要分析均線系統的發散情況和乖離率的大小。

（2）股價累計下跌幅度較大，處於市場底部區域，此時向下突破為假突破的可能性較大。

（3）從量價來看，向下跌破趨勢線時，雖然不強調成交量是否放大，但在突破的那幾天成交量也要放大，否則容易演變為假突破走勢。

（4）在股價跌破下降趨勢線後，形成加速下跌走勢，表明趨勢即將走向盡頭，空方在做最後掙扎，股價下跌的趨勢不會維持太久。如果股價跌破上升趨勢線後，沒有出現持續下跌走勢，表明主力繼續加碼或洗盤築底走勢，後市升勢行情可期。

（5）分析原先趨勢線的下降角度，若原先的趨勢線已經較陡峭，這時繼續向下突破，會使新的趨勢線更加陡峭。這樣容易出現超跌反彈或產生市場反轉走勢。

（6）得到其他技術面的進一步驗證，例如：技術形態、K線組合等是否看好，技術指標是否出現背離、交叉或方向的提示。

在實戰中，主力的手法多變，趨勢假突破現象也很常見，而且在技術分析領域有各式各樣的趨勢線，例如：軌道線、黃金分割線、百分比線、角度線、扇形線和速度線等。這些趨勢線都可能成為主力製造虛假訊號的工具，投資者應綜合分析盤面，深刻領悟主力意圖，密切注意主力設下的陷阱。

　市北高新（600604）的盤面走勢圖

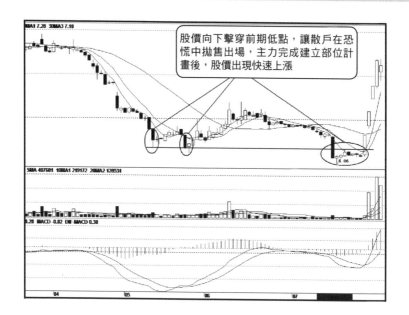

股價向下擊穿前期低點，讓散戶在恐慌中拋售出場，主力完成建立部位計畫後，股價出現快速上漲

5. 前低假突破

　　股價在調整過程中形成的階段性低點，一般具有重要的支撐作用，在投資者心理也產生重要的預期作用。如果股價向下跌破這個位置，說明後市股價下跌空間被打開，具有普遍看跌的意義，投資者應及時退出觀望。

　　但是，在實戰操作中，股價向下突破前期低點，經常是主力故意打壓建立部位，而設置的空頭陷阱，股價突破後沒有下跌多少就站穩盤整，主力在此吸納大量低價籌碼後，股價漸漸向上回升並走出亮麗的上漲行情。

　　見圖表2-22，市北高新見頂後逐波下跌，不斷創出調整新低，每個低點被有效擊穿後，股價都出現不同程度的下跌行情。2017年4月，股價經過再次暴跌後，在低點形成弱勢震盪，這時主力悄然吸納大量低價籌碼。

　　主力為了達到建立部位效果，在7月17日故意向下打壓股價，一根接近跌停的大陰線一舉擊穿5月24日出現的明顯低點，技術形態遭到嚴重破壞，有加速下跌之勢。

　　這時，持有籌碼的投資者感到恐慌，認為股價還要再下一個台階，於是紛紛停損出場觀望。然而，市場總有太多意外，股價很快出現站穩走勢。經過7個交易日的震盪整理後，主力成功完成建立部位計畫，7月27日發力而上，短期出現飆升行情。

　　從該股走勢圖中可以看出，股價向下突破前期低點時，成交量沒有放大，表明突破沒有氣勢與力道。股價沒有大幅壓低迅速脫離突破位置，而是糾纏於突破位置附近，不得不讓人懷疑是假突破。

　　而且，突破時沒有成交量，說明下跌動能不強，盤中缺乏做空動能，籌碼已經被主力鎖定，浮動籌碼很少，屬於無量空跌走勢，是主力在故弄玄虛。另外，該股經過長期的下跌調整後，已處於底部區域，下跌空間不大，向下突破是主力故意打壓的空頭陷阱。因此，這是一次假突破行為，投資者應堅定持股信心。

　　見圖表2-23，雲海金屬隨著大盤的回落調整，在2017年1月19日創出一個明顯的低點，然後出現一波有力的反彈行情，但是反彈結束之後，股價再次回落走低。

　　一般來說，前面這個低點具有較強的支撐作用，一旦有效跌破，通常預示出現新的下跌走勢，因此主力抓住這點製造空頭技術陷阱。5月26日開始故意打壓股價，連續收出3根陰線，向下擊穿前面的調整新低，導致市場出現一定的恐慌情緒，不少散戶因此拋售籌碼出場。

　　不過，市場似乎與賣出的散戶過不去，當恐慌的散戶出場後，股價卻止跌，隨後漸漸站穩回升，成交量也逐步放大，主力大舉吸納籌碼，很快出現一波上漲行情。

　　這2個例子的盤面走勢基本相似，他們的共同特點是，主力利用散戶對某個技術點位的心理預期，採用反大眾思維操作。主力利用手中的初倉籌碼打壓，突破前期低點支撐，使散戶的心理預期破滅，做出拋售出場的決定。可見得，主力與散戶之間既是一種技術較量，更是一種心理博弈，在技術背後往往隱藏著更大的陷阱。

　　通常，股價無論往那個方向突破，一定要有氣勢、量能、力道，一氣呵成，不拖泥帶水，迅速脫離突破區域，有一去不回頭之勢，這樣的突破才是真實有效的突破。如果股價突破某個位置後，仍然在這個位置附近逗留而不

　　雲海金屬（002182）的盤面走勢圖

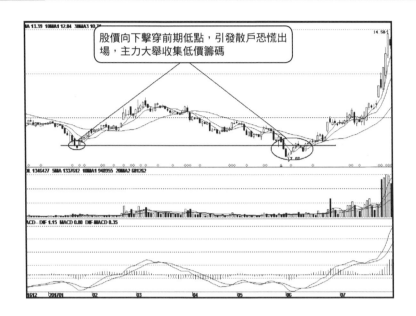

股價向下擊穿前期低點，引發散戶恐慌出場，主力大舉收集低價籌碼

願離去，就值得懷疑是假突破行為。

6. 盤區假突破

　　股價在某個區域，出現長時間的震盪整理或巨大的換手時，會形成一個成交密集區或盤整區。該區域對後市股價發展有至關重要的作用，如果股價向上突破，該位置發揮強大的支持作用。

　　相反地，如果股價向下突破該位置，則發揮重大的壓力作用，後市股價大多會出現一波持續下跌行情，因此投資者應及時退出觀望。

　　但在實戰中，這種走勢經常出現假突破現象，成為主力拉高出貨或打壓吸貨的手法。在股價真正進入上漲行情之前，先向下跌破成交密集區或盤整區，造成股價向下破位之勢，引發投資者出場。

　　當大家紛紛賣出籌碼後，股價卻不跌反漲，正式步入上漲行情，形成向下假突破的空頭陷阱。

| 圖表2-24 | 北方稀土（600111）的盤面走勢圖 |

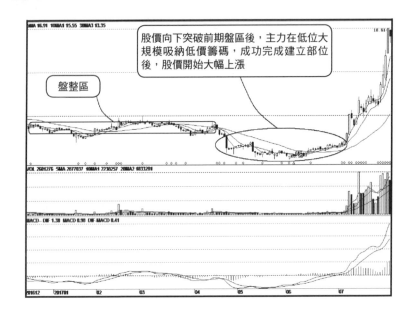

見圖表2-24，北方稀土股價見頂後逐波下跌，在低位出現長時間的震盪盤整走勢，在震盪過程中形成一條長方形盤整帶，股價在一個狹窄的通道內執行時間較長。

2017年7月24日，股價向下擊穿長方形下限支撐，脫離盤整區並創出市場新低，預示股價將產生新一輪下跌行情，因此構成賣出訊號。不少散戶看到這樣的破位大陰線而心生恐懼，做出低位停損出場的決定，而主力卻在暗中吸納籌碼。

值得注意的是，股價向下破位後，沒有出現持續下跌走勢，很快站穩並形成新的盤整區。主力在這個區域完成建立部位計畫後，在7月6日放量向上突破底部盤整帶，從此股價步入上升行情。

該股為何向下突破盤整帶後，股價沒有出現持續下跌行情？從該股的技術圖形分析，存在以下2方面的技術疑問：一是股價向下突破時沒有成交量，無量空跌說明沒有恐慌盤湧出，主力對盤面掌控較好，籌碼已經被鎖

定，盤中浮動籌碼較少。二是股價累計跌幅較大，基本處於市場底部區域，下跌空間已經不大，主力也不敢大幅打壓股價，以免在低位丟失低價籌碼。

　　散戶只要認真分析盤面細節，總會找出主力的陰謀。從該股走勢圖中可以看出，股價向下突破時成交量沒有放大，表明下跌動能不強，盤中籌碼已經被主力控制，浮動籌碼很少，屬於無量空跌走勢。而且，股價經過長期的下跌調整後，已處於底部區域，下跌空間不大，因此再次向下突破是一個空頭陷阱。另外，從圖中還可以觀察到股價下跌時出現「一急、二緩、三站穩」的現象，料想股價已是跌勢末期，後市股價下跌幅度不會太大。

　　投資者在實戰中遇到這種盤面時，持股者盲目殺跌顯然不可取，應密切關注突破是否有效，然後再做買賣決策。持幣者可以等待股價重返30日均線之上，或是向上突破盤整帶時介入。

　　見下頁圖表2-25，北京文化見頂後一路走低，不斷創出調整新低，2017年4月19日一根大陰線向下擊穿前期低位盤區，引發新一輪下跌行情，然後在底部再次呈現橫向弱勢整理格局，這時主力大量收集低價籌碼。

　　主力為了繼續吸納低價籌碼，在7月17日採用同樣的打壓手法，向下擊穿前期盤區支撐，技術形態遭到嚴重破壞。

　　此時，不少散戶受到前期股價向下突破盤整區後出現大跌的影響，擔心出現新的下跌走勢，於是紛紛停損出場觀望，而主力卻一一吃進散戶的單。7月27日，股價發力而上，快速脫離底部盤區。

　　該股經過前期大幅調整後，股價的下跌空間已經很小，市場明顯缺乏做空能量，說明主力已經獲得不少籌碼，而且在股價突破後沒有出現持續下跌走勢。

　　該股有一個明顯的盤面特徵，就是股價向下突破盤整區時，成交量持續萎縮，說明這時賣出的是膽小的散戶，而不是主力。如果主力大量減少部位，那麼成交量肯定會有所放大，否則無法出貨。再說，股價見頂後的下跌幅度較大，最笨的主力也不可能在這個價位出貨。相反地，主力正在這個位置大量吸納籌碼。既然主力在建立部位，想必股價不會大跌，否則套牢的將是主力自己。

　　投資者如果分析這些市場因素，就能釐清主力的意圖，其陰謀也就不攻自破，然後以其人之道還治其人之身，這就是股票的樂趣和境界。

圖表2-25　北京文化（000802）的盤面走勢圖

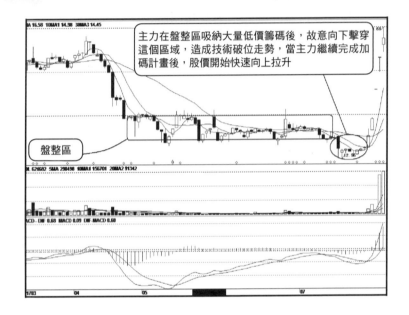

主力在盤整區吸納大量低價籌碼後，故意向下擊穿這個區域，造成技術破位走勢，當主力繼續完成加碼計畫後，股價開始快速向上拉升

盤整區

在實戰操作中，如果出現以下3個盤面現象時，可以認定為假突破：

（1）在向下突破盤整區之前，股價累計下跌幅度較大，在低位出現明顯的止跌跡象。通常，下跌幅度越大、盤整時間越長，股價止跌站穩的可能性越大。

（2）在股價向下突破時，沒有氣勢、沒有力道，突破後股價沒有持續下跌。

（3）在向下突破之後，股價很快站穩回升，或很快收復大部分失地。

成交密集區和盤整區的差別在於，成交密集區通常以大成交量為特徵，時間長短不重要，而盤整區往往持續時間較長，但是累計成交量也不少。

在這類個股中，通常盤整時間越長，成交量越大，堆積的籌碼越多，籌碼換手越充分，形成一個成交密集區，一旦股價向下突破這個區域，將成為中長期的一個重要壓力位。

多頭想要重新突破這個區域，需要很大的力量和良好的市場環境才能突破，也就是說，需要技術面和基本面的配合才能逆轉行情。主力在此製造空頭陷阱，建立部位效果明顯，因此多數主力在股價正式啟動之前，經常做出這種盤面形態。

建立部位手段5：壓力

1. 均線假壓力

　　根據葛蘭碧八大法則，均線具有支撐和壓力作用。當股價在均線之下向上反彈時，沒能向上突破均線壓力而受阻回落，顯示均線附近壓力較重，此為賣出訊號。

　　在實盤中，主力為了加強建立部位的效果，當股價回升到均線附近時，故意不突破，形成均線有重大壓力的假象，讓散戶選擇出場。當散戶退出後，股價很快向上突破，成為均線假壓力陷阱。根據週期長短，可分為短期、中期和長期3種類型的均線壓力。這裡僅以30日均線為例分析，對於其他類型的均線壓力，投資者可以根據提供的思路自行判別。

　　見下頁圖表2-26，廈門鎢業經過大幅下跌後，跌勢有所放緩，在底部區域出現震盪走勢，主力在此吸納大量低價籌碼，順利完成主倉期吸籌計畫。

　　從走勢圖中可以看出，2017年4月24日股價向下擊穿前期低點後，引發散戶恐慌盤，然後站穩回升到30日均線附近時，主力略施陰謀詭計，使盤面出現震盪走勢，股價多次攻擊30日均線，都無法形成有效突破，股價緊貼30日均線漸漸下滑。

　　這時，不少散戶認為30日均線對股價明顯有壓，使股價短期無法向上突破，因此出場操作，主力此時大舉加碼。6月2日，股價再次向下創出新低，當最後一批散戶恐慌出場後，股價漸漸站穩回升，走出一波震盪上漲行情。

　　其實，主力在該股中有2個意圖：一是故意打壓，給散戶造成壓力；二是30日均線壓力，當股價反彈到30日均線附近時，形成股價反彈受阻的假象，動搖散戶的持股心態，產生強烈的賣出欲望。

　　需要注意的是，該股的主倉期是在前期的低位盤整期間，最後的打壓和30日均線的假壓力只是做莊過程中的一個次要過程，其目的是完成最後的加

| 圖表2-26 | 廈門鎢業（600549）的盤面走勢圖 |

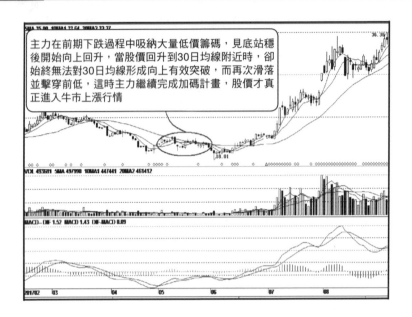

> 主力在前期下跌過程中吸納大量低價籌碼，見底站穩後開始向上回升，當股價回升到30日均線附近時，卻始終無法對30日均線形成向上有效突破，而再次滑落並擊穿前低，這時主力繼續完成加碼計畫，股價才真正進入牛市上漲行情

碼計畫和向下測試底部支撐。

見圖表2-27，西水股份的股價見頂後逐波走低，出現一段較長時間的橫向震盪走勢，此時主力手中籌碼不多，於是在2017年2月3日和2月6日，連續2天大幅打壓，造成股價向下擊穿前期整個盤區，引發大量的散戶賣盤出現。

然後，呈現L形整理，持續時間超過1個月，在此期間主力吸納大量的低價籌碼。3月中旬，當股價與30日均線接近時，由於受到下降的30日均線下壓，股價沒有形成向上突破走勢，而是再次出現加速下跌，這時再次引發散戶恐慌性賣盤。

不過，股價很快站穩回升，分別在4月12日和14日對30日均線發起2次攻擊，但股價到達30日均線附近時，無法突破30日均線，在股價回落過程中又有一批散戶擔心股價繼續下跌，而選擇出場觀望，這時主力全部通吃散戶賣盤。當主力成功完成建立部位計畫後，5月2日股價放量向上突破，成功開啟

圖表2-27　西水股份（600291）的盤面走勢圖

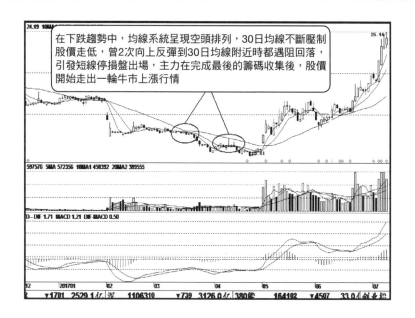

> 在下跌趨勢中，均線系統呈現空頭排列，30日均線不斷壓制股價走低，曾2次向上反彈到30日均線附近時都遇阻回落，引發短線停損盤出場，主力在完成最後的籌碼收集後，股價開始走出一輪牛市上漲行情。

一輪牛市行情。

　　該股主力顯然是利用下降的30日均線壓力作用，放大這種壓力效果，形成股價突破失敗或無法突破的假象，製造虛假的向下加速走勢，使散戶感覺股價只是一次弱勢反彈而已，認定後市股價仍將繼續下跌，因此有不少散戶爭相在均線附近賣出股票。

2. 趨勢假壓力

　　在實戰操作中，下降趨勢線一旦有效形成，將對股價構成重大壓力。股價回升到下降趨勢線附近時，大多遇到壓力而再次出現下跌走勢，因此趨勢線附近是一個賣出訊號。但是，這種情況經常出現許多虛假的現象，成為主力操控盤面的慣用手法。不少主力陷阱就發生在這裡，投資者應綜合分析、研判，才能避免走進主力的陰謀之計。

　　見下頁圖表2-28，馬鋼股份反彈後逐波下跌，高點一個比一個低，形成

圖表2-28 馬鋼股份（600808）的盤面走勢圖

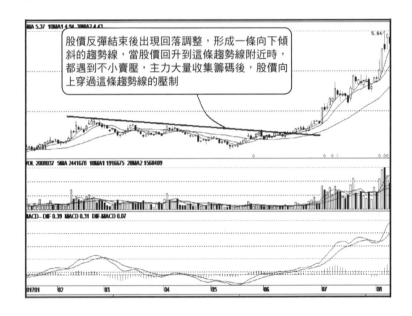

股價反彈結束後出現回落調整，形成一條向下傾斜的趨勢線，當股價回升到這條趨勢線附近時，都遇到不小賣壓，主力大量收集籌碼後，股價向上穿過這條趨勢線的壓制

一條向下傾斜的下降趨勢線，股價每次反彈到趨勢線附近時，都遇到強大的壓力而再次下跌，因此在趨勢線附近賣出是較好的停損點位。

但是，下降趨勢線終將有被突破的時候，特別是長期下跌後的低位，很容易被主力控制。在2017年5月底至6月初的走勢中，當股價再次反彈到趨勢線附近時，盤面同樣出現震盪走勢，上方顯得壓力重重，無力向上突破。

不少散戶看到這種情況後，認為股價上漲遇到趨勢線壓制而紛紛賣出操作，這樣主力就能輕鬆拿到低價籌碼。此後該股沒有出現下跌走勢，經過一段時間的蓄勢整理後，股價開始向上爬高，從此走出一輪上漲行情。

那麼，如何分析該股的主力手段？從圖表中可以看出，股價反彈到趨勢線附近時，主力故意在趨勢線附近磨蹭，使盤面產生股價上漲受阻的假象，誤導盤中散戶出場操作，同時警示場外的散戶慎重操作，不要輕易介入。於是，在趨勢線下方形成小幅盤跌走勢，以逐步消化上方壓力。藉由一段時間的較量之後，消磨多空雙方的意志，最終放棄原來的計畫。

圖表2-29　同濟科技（600846）的盤面走勢圖

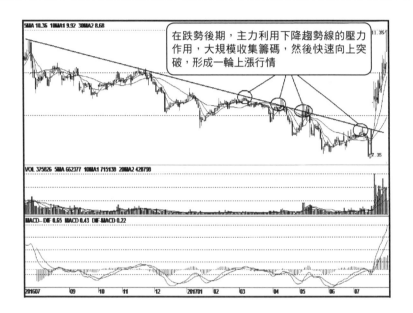

在實戰中遇到支撐或壓力時，主力常常採用消磨手法，最終將支撐或壓力消化殆盡。該股主力穩紮穩打，不急於攻克壓力，而是採用磨杵成針的手法，磨掉持股者的意志，消化上升壓力，最終成功完成建立部位計畫。

其實，從該股盤面分析，就能發現主力手段所在。雖然股價反彈遇到趨勢線附近時，看似遇到不小的壓力，但股價再次下跌的力道已大不如前，表示下方有一股承接力量。這股力量絕非散戶所為，因為散戶難以充當跌勢的中流砥柱，只有主力才能封堵下跌空間，這說明主力在這裡大量建立部位。而且，在震盪過程中成交量與前期相比出現明顯放大，顯示有資金在暗中活動，大多屬於建立部位量。

見圖表2-29，同濟科技在震盪下跌過程中，形成一條下降趨勢線，股價每次反彈到這條趨勢線附近時都遇阻回落，無法形成有效的向上突破。散戶看到這種情況後，多數選擇在30日均線附近減少部位或出場。

從走勢圖中可以看出，2017年4月中旬，當股價回升到趨勢線附近時遇

阻回落，股價再創調整新低。然後在5月上旬和7月中旬出現同樣的走勢，這時又有一批散戶逢高退出觀望，此時一些已退出的散戶又不敢進場。經過幾次震盪後，主力就能輕鬆拿到大量的低價籌碼。7月19日開始，股價連拉2個漲停板，成功向上突破下降趨勢線的壓力，從此開啟一輪牛市上漲行情。

其實，從價位分析股價經過長期的下跌調整後，已處於底部區域，下跌空間不會很大。透過這些盤面分析，能發現主力在此大量建立部位，投資者就可以積極進場與主力共舞。

在實戰操作中，當股價遇到趨勢線壓制時，對於其可靠性還能從以下5方面驗證：

（1）趨勢線經過的次級下降頭部越多，越有意義。換句話說，股價回到趨勢線之上再度下跌時，如果下跌的次數越多，趨勢線的有效性就越可以獲得確認。

（2）趨勢線延伸越長，股價離開趨勢線而停留在低價位一段時間後，才產生中級上升，並向趨勢線靠近才有意義。

（3）趨勢線和它的2個頭部連線形成的角度，是估量中級趨勢線的標準。一條角度陡峭的趨勢線，容易被一個橫向的整理形態突破，對技術分析來說，這條趨勢線的測量價值會降低。因此，發生集體突破時，投資者都應提高警覺並採取對策。

（4）在下降趨勢中，當股價上漲到壓力線附近時，若成交量萎縮，股價受阻的可能性較大。若放量上升，股價可能突破壓力線，進一步上漲，擺脫原先的下降趨勢。在這種情況下，於壓力線附近賣出就操之過急了。

（5）下降趨勢線並非固定不變，它通常會隨著下跌行情的展開而改變斜率。因此，應根據實際情況適時調整下跌趨勢線，以便更準確判斷行情走向和把握買賣時機。

3. 前高假壓力

股價在震盪過程中形成的階段性高點，對後市股價上漲具有重要的壓力作用，容易出現技術共鳴，在投資者心理也產生重要影響。當股價反彈到該位置附近時，散戶往往不約而同賣出籌碼，加上主力的陰謀詭計，盤面效果會更加突出而逼真，因此假壓力應運而生。

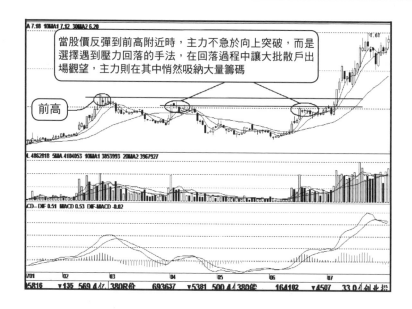

圖表2-30　洛陽鉬業（603993）的盤面走勢圖

當股價反彈到前高附近時，主力不急於向上突破，而是選擇遇到壓力回落的手法，在回落過程中讓大批散戶出場觀望，主力則在其中悄然吸納大量籌碼

前高

見圖表2-30，洛陽鉬業反彈結束後回落，形成一個明顯的高點。2017年4月初，股價再次回升到這個高點附近時，明顯遇到壓力，然後股價回落漸漸走低。

不少散戶看到股價不能突破，而選擇出場觀望。這期間主力卻暗中悄悄大量吸納籌碼，然後在6月中旬股價回升到前期高點附近時，主力不急於向上突破，而是出現同樣的滯漲走勢，這時又有一批散戶在前高附近拋售出場。這樣主力成功完成建立部位計畫後，股價在7月6日開始放量向上突破，此後股價盤升而上，中線走強。

那麼，該股主力意圖是什麼呢？透過圖表分析可以發現，主力巧妙利用前期高點這個顯而易見的壓力位，製造虛假的技術圖形，讓散戶在前期高點附近賣出，實現自己建立部位的目的。

其實，只要認真分析盤面細節，投資者就能揭穿主力的意圖。當股價回升到前期高點附近時，雖然沒有出現突破走勢，但股價沒有出現大幅回落走

圖表2-31　柳鋼股份（601003）的盤面走勢圖

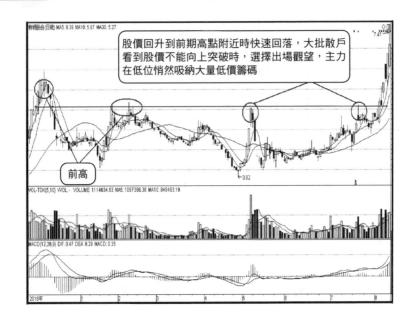

股價回升到前期高點附近時快速回落，大批散戶看到股價不能向上突破時，選擇出場觀望，主力在低位悄然吸納大量低價籌碼

前高

勢。這從邏輯上來說有問題，大家不妨想一想，如果這是一個無法突破的壓力位，那麼股價就會很快回落，不會給散戶逢高出逃的機會，既然主力將股價長時間維持在壓力位附近震盪，等待散戶拋售，敢在這裡承接籌碼，那麼後市股價肯定有名堂。

投資者還可以再想想，如果這是一個真正的壓力位，奸詐的主力肯定會設一個多頭陷阱，一口氣將股價衝到前期高點之上，讓散戶感到股價突破壓力而紛紛跟進時，股價快速回落將散戶全數套牢在高位上。藉由這樣的假設，可以輕鬆看破主力手段。

見圖表2-31，柳鋼股份出現一波放量反彈行情後回落震盪整理，經過一輪縮量下殺後，在2017年5月上旬出現快速拉高走勢，股價迅速回升到前高附近，但股價沒有形成突破走勢，而是出現快速回落，這時不少散戶倉皇出場，主力悉數接走散戶的籌碼，隨後股價漸漸向上走高。

主力這樣做的目的，是利用前面已經出現的高點壓力，製造無法突破的

假象，讓散戶主動賣出籌碼，藉此順利建立部位。因此，投資者在分析這類個股時，一定要做時空上的區分，不可以一概而論之。

透過分析上述2個實例，在實戰中遇到這類個股時，應注意以下3點：

（1）股價前期下跌幅度較大，累計跌幅超過50%，這時假壓力的可能性較大。如果在見頂後的下跌初期，或向下突破某個重要技術位置後，反轉確認時遇阻回落，可能是真正的壓力位。

（2）當股價遇到前期高點壓力後，沒有出現明顯的下跌走勢，可能是假的壓力位。相反地，當股價抵達壓力位附近時，出現快速回落，可能是真正的壓力位。

（3）在股價前期高點附近，成交量明顯放大，但股價始終不能突破，可能是真正的壓力位，主力在這裡誘多。理想的盤面形式是股價以溫和的形式，向上突破前期高點，這樣持續性會更強。

4. 盤區假壓力

盤整區包括成交密集區，股價在某個區域出現長時間的震盪或巨大換手時，會形成一個盤整區或成交密集區，這個區域對後市股價的發展發揮至關重要的作用。

當股價由下向上回升到這個盤整區附近時，通常會遇到較大的壓力而繼續調整走勢，特別是當股價無法向上突破這個區域時，該盤整區附近就是一個較好的賣出位置。但在實戰中，主力經常將盤整區演變成虛假的壓力區，讓散戶產生股價突破無望的感覺，進而引發散戶賣盤出現，然後主力在這個位置下方大量吸納籌碼。

見下頁圖表2-32，盛和資源經過長時間的調整後，漸漸止跌站穩盤整，形成一個盤整區，主力在盤整區內高賣低買。

2017年1月中旬，主力採用打壓手法吸貨，股價向下擊穿盤整區低點支撐。然後股價站穩回升，但是回升到盤整區附近時，股價受到盤整區壓力而不能有效向上突破，底部獲利盤和前期套牢盤湧出，導致股價再次回落到前期低點附近。在股價回落過程中，有大批散戶選擇出場操作，主力卻在暗中吸納低價籌碼。當主力順利完成建立部位計畫後，7月7日股價放量漲停，一舉向上突破前期盤區和高點的壓力，從此開啟一輪上漲行情。

圖表2-32	盛和資源（600392）的盤面走勢圖

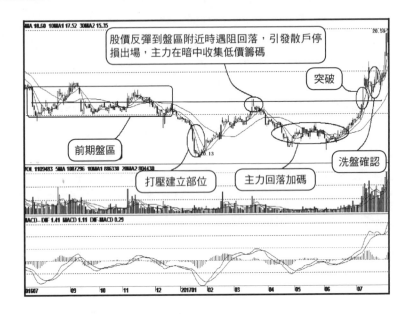

股價反彈到盤區附近時遇阻回落，引發散戶停損出場，主力在暗中收集低價籌碼

突破

前期盤區

打壓建立部位

主力回落加碼

洗盤確認

該股主力利用前期盤區的壓力作用，來完成建立部位、加碼計畫和洗盤整理，因為這個盤整區存在一定的技術壓力是不可爭議的，這也是投資者的共同看法。因此，當股價回升到這裡時，多數主力會在這裡耍花招欺騙散戶，更多的是製造假的技術壓力，形成股價上漲遇到壓力而不能有效突破的假象，誤導散戶選擇出場操作，以此達到建立部位和加碼目的。

通常在這裡具有加碼和洗盤的意思，當主力完成啟動前的最後動作，就會等待時機進入主升段行情。需要注意的是，在這種盤面中，主力的主倉期大多在前面的盤整區及下滑過程中，後面只是加碼和洗盤的輔助過程，因此有時可能出現直接拉升的現象，投資者需要結合即時盤面走勢綜合分析。

見圖表2-33，通威股份經過長時間的下跌調整後，在底部形成橫向震盪整理走勢。在盤整震盪末期，主力採用打壓手法向下擊穿盤整區，然後股價漸漸站穩回升。

當股價回升到這個盤整區附近時，主力志在高遠，不急於向上突破，而

圖表2-33　通威股份（600438）的盤面走勢圖

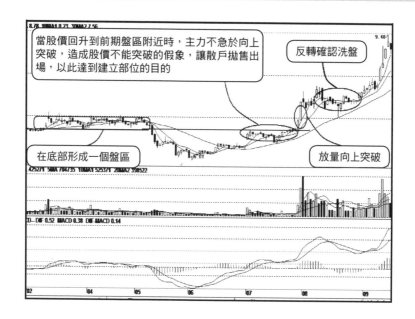

是在前期盤區附近展開震盪走勢，這時不少散戶認為股價無法形成突破走勢，擔心再次下跌被套，進而選擇拋售出場操作。其實，圖表背後隱藏著重大的主力意圖，主力利用上方盤整區的壓力，故意放大壓力效果，誤導散戶拋售出場，以此達到建立部位目的。

當主力完成建立部位計畫後，2017年7月31日股價放量漲停，一舉向上突破盤整區的壓力，然後經過反轉確認成功，股價進入新一輪上漲階段。

從該股圖表分析，也能發現一些技術疑點：一是股價前期調整時間長，累計下跌幅度超過50%；二是股價遇到上方壓力後，沒有再次出現大幅下跌走勢，而是在前期低點附近站穩，說明股價下跌空間有限；三是股價能夠回升到盤整區附近，顯示下方有買盤介入，這不是散戶的零星買盤，應有主力持續吸納，才能使股價止跌站穩。所以，這是主力利用假壓力位建立部位，投資者可以逢低跟進。

在這2個實例中，主力就是利用散戶對上方壓力位的擔心和恐懼，採用

反大眾心理吸貨。由於大多數的散戶渴望暴富，看到短期股價久攻不破時，就會對股價不抱希望，最終在低位賣出籌碼，十分可惜。在這個股市裡，牛股天天有，但總是與缺乏分析的人擦肩而過。只要認真分析盤面細節，觀察盤面變化，就能看穿主力的意圖。

這2個實例中的共同特點是，股價已經處於低位，前期下跌幅度大，調整時間長。而且，當股價向下脫離成交密集區後，沒有出現持續下跌走勢，值得懷疑。另外，股價能夠在壓力位附近長時間震盪，說明有一股力量支撐著股價，這也是非常重要的盤面分析要點。

第 3 章

當主力「試盤」，
你要抓住盤面反映的資訊

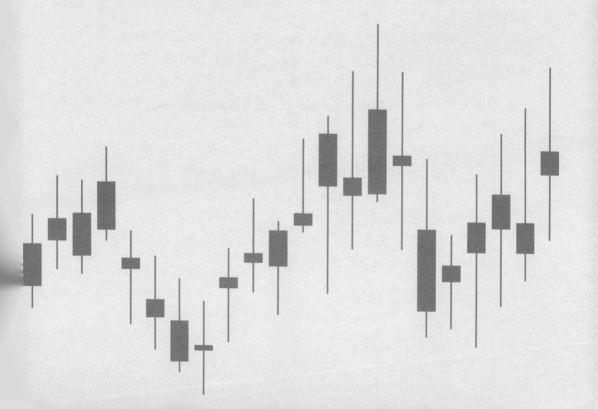

(3-1) 主力在拉升前用6種試盤方式，分析多空雙方力量

💲 股價啟動前的檢驗

　　主力試盤貫穿於整個做莊過程中，在建立部位、拉升、出貨等階段都有試盤行為，只是目的不同。這裡的試盤是指建立部位之後、拉升之前的試盤動作。主力吸納大量的低價籌碼後，雖然漲升的心情十分急切，但不一定馬上進入拉升狀態，還要進行最後一次的全面測試和回饋盤面，這就是試盤。其目的如下：

　　（1）測試盤中是否有其他主力或大戶存在，以免作對、相互制約。

　　（2）測試盤內籌碼穩定情況，決定是否到達拉抬時機。

　　（3）測試主力之外的部分浮動籌碼，是集中於民間大戶之手，還是分散在投資大眾手中。若集中在大戶之手，主力要繼續與其周旋較勁，竭力搞散週邊籌碼，以免將來拉抬時遭遇不測。

　　（4）測試股價近期的支撐位和壓力位，以便確定價格的波動區間。

　　（5）測試市場追漲殺跌的意願，主力的每一個動作都在無數雙眼睛的注視下進行。有追漲者，主力拉抬輕；有殺跌者，主力拉抬重。

　　（6）測試市場對該股的關注程度，是熱門股還是冷門股。

　　（7）藉由測試，決定究竟採取哪種方式拉抬股價，是採用連續快速拉抬，還是緩升推高，或是波浪式上揚等。

主力如何進行試盤？

　　試盤是主力利用量價資訊，有目的地回饋、分析多空雙方力量的操盤手法。主力研究回饋來的資訊後，決定是否拉升、用什麼方式拉升、拉到什麼價位等，但不同時期、位置及市況的試盤重點有所不同。

　　主力根據試盤目的，運用各種技術陷阱來達到試盤效果。主力認真分析、研究透過盤面測試和回饋得來的第一手資訊與資料，給自己一個準確的市場定義。對市場定義的恰當與否，也會影響到主力的成功與否，因此試盤是主力的必要手段，通常有以下6種試盤方式。

1. 進莊之前試盤

　　主力經過一系列的準備工作後，在成熟的時機選擇目標股票進駐。這時首先要測試盤面的變化情況，屬於事前試盤，其功用有以下2點：

　　（1）觀察盤中有無其他主力存在，如果沒有其他主力，可以安心埋伏其中建立部位。如果有強勢主力進駐其中，就要傷腦筋了。這時的應變策略是①換：拱手相讓，這個窩就讓他占領，再另覓新窩。②鬥：與對方鬥智鬥勇，展開籌碼爭奪戰，結果勝負難分，兩敗俱傷而收兵。③和：互利雙贏，和氣生財，雙方達成建立部位、拉升、出貨及利潤分成等種種合作協定。不管怎樣，大部分主力都不希望同一個目標股票中，有2個以上的主力存在，因為這種合作操盤的風險極大，一方食言，後果可想而知。

　　如果在2017年的波段行情中，2個主力同時看好一家民營上市公司，該股是一支小型股，雙方在吸貨之後，都已持有相近的流通籌碼，就會進退兩難。由於主力之間不能和好，所以該股上下震盪，彼此制約，不能順利上攻，錯過一波上拉行情。因此，進駐前要進行試盤，決定進莊與否。

　　（2）判斷場內籌碼的穩定度，以計算建立部位的時間和建立部位所需成本。

2. 進莊之後試盤

　　主力進駐股票後的試盤，也稱作莊後試盤，包括吸貨試盤、拉升試盤、出貨試盤、砸盤試盤、壓力位試盤、支撐位試盤等，各個階段的試盤目的都

不同。

我們分析的試盤是拉升行情之前的一個獨立階段，是為了拉升行情的順利，而進行鋪陳的輔助階段，也是本章講述的內容。

3. 主力隨意試盤

隨意試盤是指主力不主動打壓或拉升股價，讓股價自由波動。主力自己不參與買賣操作，由散戶擔當主角，股價漲跌全由市場決定，但不排除主力在重要位置的點撥作用。

主力靜觀其變，根據盤面賣盤和買盤的變化情況，判斷當前市場性質，做出相應的操盤方法。通常，買盤力道大於賣盤力道時，股價會出現緩升走勢；買盤力道與賣盤力道相當時，股價會維持盤整走勢；買盤力道小於賣盤力道時，股價會出現緩跌走勢。

在實戰中，這種試盤方法一般不會連續使用，通常是主力間歇休整時的放任姿態。

4. 主力主動試盤

主動試盤與隨意試盤相反，是指整個試盤過程中，在主力的掌控下進行，輕重深淺、時間長短由主力自己把握，包括在平衡試盤、強勢試盤、弱勢試盤、技術位試盤，以及利用消息、類股試盤等，都是主力的主動行為。

5. 向上拉升試盤

主力完成建立部位後，在某個時段突然放量向上拉升試盤，擺出一副上攻的架勢，讓場內資金明顯感覺到有主力進場操作，當股價快速上升到重要壓力位時遇阻回落。

有時候，主力為了吸納更多低價籌碼，在底部採用漲停板的手法強行試盤，並在漲停板位置不斷開板，以吸引籌碼鬆動，趁機收貨。場內籌碼遇到股價反彈上漲機會斬斷部位出場，籌碼出現鬆動，主力照單全收。場外資金見盤面異動而介入操作，提高散戶持股成本。向上拉升試盤的目的，是測試盤中籌碼的穩定情況和賣壓大小，以及散戶跟風的情況，進而確定拉升股價的上限，也就是壓力位。

6. 向下打壓試盤

有時候主力未必知道股價的真實底部，只有反覆探測，才能探明底部的位置。沒有探明底部之前，不能指望漲升行情出現。為了探測這個底部位置，主力使用各種手法恐嚇投資者，直到投資者不肯賣出股票，股價跌無可跌，才是真正的底部。

通常，主力故意在線圖上做出橫盤姿態，讓高低點之間的空間幅度越來越窄。最後股價於某日突然破位下跌，下跌時能量放大，盤中散戶以為股價再次大跌，於是紛紛斬斷部位出場。主力在低位照單全收，並於當天收盤時，將股價拉回開盤價附近，在線圖上留下較長的下影線陰（陽）K線。

有時候，主力利用砸盤動作，將股價砸到跌停板位置，製造加速下跌的恐慌氣氛，使盤中斬斷部位籌碼蜂擁而出，主力趁機捲走低價籌碼。主力向下打壓試盤的目的，是測試盤中賣壓情況，以及場外買盤的力道，進而確定打壓股價的下限，也就是支撐位。

此外，試盤速度還可以分為快速試盤和慢速試盤，持續時間長短可以分為單日試盤和多日試盤，技術形態還可以分為簡單試盤和波段試盤等。

（3-2） 揭露試盤的 5 個手段： 壓力、支撐、漲跌停板……

⊚ 試盤手段 1：測試壓力大小

主力完成建立部位後，通常會利用關鍵技術位，也就是壓力位（線）或支撐位（線）試盤，例如：短期均線、趨勢線、頸線位、重要技術形態及成交密集區、黃金分割位和重要心理關口等。當向上或向下突破這些重要技術位置時，主力會觀察買盤和賣盤的情況，進而決定下個階段的操盤思路。

一般情況下，主力會觀察上方壓力位試盤的壓力大小和市場的跟風情況，來決定是否進入拉升階段。一般來說，有以下2種盤面現象：

（1）股價到達壓力位附近時，受到壓力位明顯壓制，股價向下回落試盤，重點測試股價受到壓力後的賣壓情況。

（2）股價到達壓力位附近時，不受壓力位的壓制，股價向上突破試盤，重點測試突破後的盤中跟風情況。

在實戰中，當股價通過這些重要技術位置時，可以反映很多盤面資訊，因為這些重要技術位置是大多數散戶和主力關注的。一個重要技術位置的攻克和失守，往往預示著一輪行情的產生和結束，因此試盤效果較好。如果股價通過這些重要技術位置時，沒有大的壓力和支撐，行情可能往縱深發展，相反地則要重新調整主力計畫。

見圖表3-1，鹽湖股份經過大幅下跌調整後，由於主力壓制股價上漲，形成較長一段時間的橫向震盪走勢。

2017年4月17日，主力向下打壓股價，形成技術破位走勢，然後主力在

圖表3-1 　　鹽湖股份（000792）的盤面走勢圖

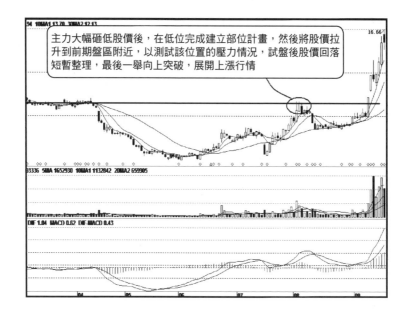

> 主力大幅砸低股價後，在低位完成建立部位計畫，然後將股價拉升到前期盤區附近，以測試該位置的壓力情況，試盤後股價回落短暫整理，最後一舉向上突破，展開上漲行情

低位吸納大量低價籌碼。不久，股價漸漸站穩回升，將股價拉升到前期盤區附近，對前期盤區壓力情況試盤，以觀察上方的壓力情況。之後，股價小幅回落，經過短暫整理後，全面消化上方壓力。9月8日，股價放量漲停，一舉向上突破盤整區的壓力，從此開啟一輪上漲行情。

在這種走勢中，主力意圖具有試盤和洗盤的雙重意義。利用前期盤區的壓力作用，形成股價遇到壓力而出現回檔走勢，進而測試該位置的賣壓情況，誘導散戶出場觀望，發揮洗盤作用。當浮動籌碼基本退出後，也是洗盤結束的時候，股價便出現新的上漲行情。

見下頁圖表3-2，浪潮資訊見頂後出現長時間的下跌調整走勢，在跌無可跌的低位出現站穩震盪走勢。

2017年5月19日，股價出現放量漲停，第2天繼續向上試盤，以測試上方小盤整區和30日均線的壓力情況。試盤後，股價回落做技術修正走勢，並採用向下打壓的手法製造空頭氣氛。

| 圖表3-2 | 浪潮資訊（000977）的盤面走勢圖 |

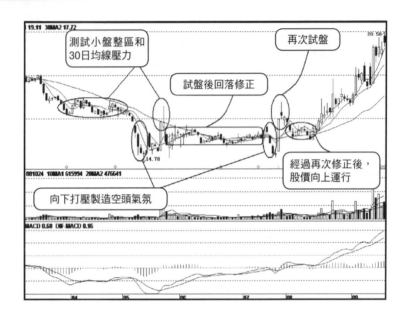

7月27日，採用同樣的向上試盤手法，將股價拉到漲停，第2天繼續衝高，進一步觀察上方壓力和市場跟風情況，然後再次回落消化上方壓力。經過前後二起二落後，市場得到較好的檢驗，浮動籌碼得到清洗，主力成功完成試盤和洗盤過程，股價從8月中旬開始進入盤升行情。

投資者在實戰操作中遇到這種走勢時，不要過早介入，應等待股價向上有效突破後逢低跟進。短線高手可以在明顯的壓力位附近退出，在回落低點重新介入，波段操作獲利更豐厚。

ⓢ 試盤手段 2：測試支撐強弱

當主力成功完成建立部位計畫後，股價漸漸脫離底部區域，但主力一般不會直接進入主升段行情，通常還要測試一次底部基礎是否紮實，也稱作2次探底或反轉確認。

圖表3-3	沱牌捨得（600702）的盤面走勢圖

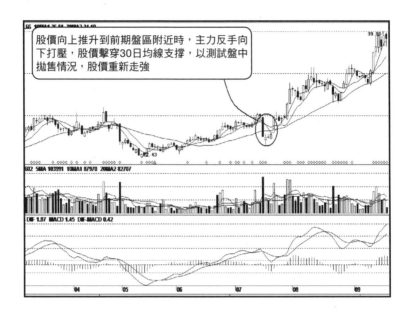

中長線主力大多有這個環節，短線主力由於駐莊期較短，通常沒有2次探底過程。能夠成為支撐作用的指標有均線、趨勢線、頸線位、重要技術形態及成交密集區、黃金分割位和重要心理關口等。

主力試盤這些技術位置後，如果賣壓不重，又有跟風盤介入，股價可能很快進入主升段行情。相反地，如果賣壓較重，又缺乏買盤跟風，股價可能重新進入調整走勢，此時不宜做多。一般有以下2種盤面現象：

（1）股價到達支撐位附近時，得不到支撐位的支撐，股價向下破位試盤，重點測試突破後的盤中賣壓情況。

（2）股價到達支撐位附近時，受到支撐位的支撐，股價向上回升試盤，重點測試股價支撐後的跟風情況。

見圖表3-3，沱牌捨得經過長時間的震盪整理後，股價漸漸向上爬升，均線系統呈現多頭排列。當股價上漲到前期盤區附近時，主力開始試盤和洗

盤整理。

2017年7月17日，一根放量跌停大陰線向下擊穿30日均線支撐，第2天股價開盤後繼續下探，但下跌動能衰竭，買盤積極介入，股價出現止跌站穩跡象。這種現象說明賣盤不大，經過3個交易日的震盪整理後，股價重返30日均線之上，構成一個早晨之星組合形態，表明試盤和洗盤順利結束，之後股價出現震盪上漲行情。

在這支股票中，主力成功測試2個重要技術位置，一是測試30日均線的支撐力道，二是測試前期低點，觀察這2個位置的市場反應。主力意圖就是擊穿30日均線後，製造一定的恐慌氣氛，觀察散戶的承受能力，同時測試前期低點附近的跟風情況，也是檢驗該位置是否得到市場廣泛認同，然後決定下一步操作計畫。

如果得到市場的廣泛認同，主力拉高股價就會順水推舟、事半功倍，以後的出貨也就不成問題，否則就是逆勢而行、事倍功半，主力不敢拉高股價，因此試盤是非常重要的一環。

在該股走勢中，散戶只要認真分析盤面特徵，就不會失誤。首先，30日均線持續上漲，對股價形成向上牽引的作用。其次，股價距離前期低點不遠，而該低點又經過較長時間的整理，通常有一個支撐作用。其三，日K線圖中產生早晨之星組合形態，後市股價看好的機率大增。

見圖表3-4，寶泰隆主力在前期股價下跌過程中，吸納大量低價籌碼，成功完成建立部位計畫，股價漸漸向上盤出底部，均線系統出現多頭排列。不過，主力沒有盲目拉高股價，而是再次回落，對底部是否紮實及浮動籌碼進行一次試盤確認，並測試30日均線的支撐力道。

2017年7月17日，當股價回落到30日均線附近時，得到買盤的積極回應，股價很快反轉向上走勢。因此，30日均線將成為一個有效的技術支撐位，股價進入主升段行情。

從圖中可以看出，主力在測試30日均線的支撐力道，觀察該位置的市場反應，進而決定後市拉升與否。投資者遇到這種走勢時，該如何操作？持股者應密切關注該位置的支撐情況，一旦有效擊穿，要果斷退出，在沒有突破之前可以繼續持股。持幣者應等待股價有效向上突破前期高點時，再尋找低點介入，在沒有突破之前則是繼續觀望。

圖表3-4　寶泰隆（601011）的盤面走勢圖

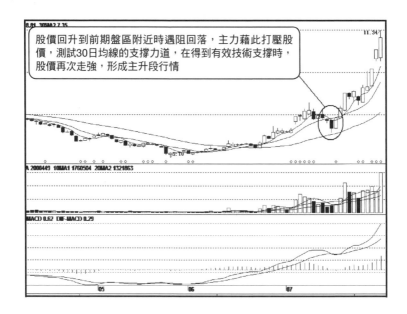

> 股價回升到前期盤區附近時遇阻回落，主力藉此打壓股價，測試30日均線的支撐力道，在得到有效技術支撐時，股價再次走強，形成主升段行情

試盤手段3：突破

　　試盤可以出現在做莊過程中的任何階段，如果在底部，可以在建立部位之前試盤，也可以在建立部位之後進行。主要手法大多是對某個技術位置進行假突破，以觀察市場的反映，決定建立部位或拉升。

　　這種試盤方式可以分為向上假突破和向下假突破，接著會詳細解說。

1. 向上假突破

　　在底部區域，股價向上突破某個技術位置時，如果盤中賣壓較重，主力在建立部位之前試盤，那麼主力會在股價回落過程中實施建立部位計畫，這樣建立部位成本較低，但時期可能較為漫長。如果是在主力建立部位之後試盤，後市股價可能繼續調整，期間主力也會高賣低買，充分消化上方壓力之後才能出現上漲行情。

圖表3-5　安凱客車（000868）的盤面走勢圖

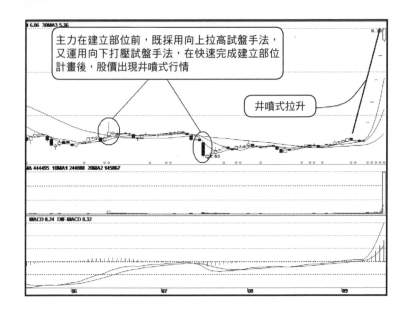

主力在建立部位前，既採用向上拉高試盤手法，又運用向下打壓試盤手法，在快速完成建立部位計畫後，股價出現井噴式行情

井噴式拉升

相反地，如果此時盤中賣壓不重，主力在建立部位之前試盤，可能會採用打壓或拉高的方式實施建立部位計畫，成本相對較高，但時期可能不會很長。如果是主力建立部位之後試盤，只要時機成熟，股價很快就會進入拉升行情。

見圖表3-5，這是安凱客車的主力在建立部位之前，同時採用向上假突破和向下假突破來試盤的例子。股價經過長時間調整後，在低位出現加速下跌走勢，這時主力吸納一部分低價籌碼。

2017年6月14日，開盤後股價快速上漲，突破30日均線的壓力，但是股價出現衝高回落走勢，隨後進入橫向震盪走勢，形成一次假突破。

7月17日，主力採用向下打壓手法試盤，股價出現向下破位走勢，引發大量賣盤出現，然後主力在低位大舉建立部位。從圖中可以看出，股價向下破位之後，沒有出現持續下跌走勢，說明這是一次假突破的誘空動作，目的是建立部位。在主力完成建立部位計畫後，股價從9月11日開始出現井噴式

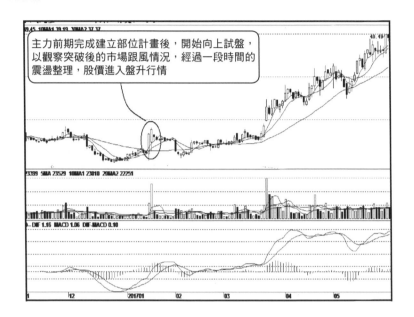

圖表3-6　海天味業（603288）的盤面走勢圖

主力前期完成建立部位計畫後，開始向上試盤，
以觀察突破後的市場跟風情況，經過一段時間的
震盪整理，股價進入盤升行情

上漲行情，一連拉了5個漲停板。

　　從盤面反映出，股價在向上突破時壓力重重，無論是主力之前或之後的試盤，短期內股價都難有起色，這也決定股價進入長時間的震盪盤整後，再次選擇向下打壓的做法。經過向上和向下2次試盤之後，主力基本上完成建立部位計畫，最後引爆井噴式行情。

　　見圖表3-6，這是海天味業的主力建立部位後，向上假突破的試盤例子。該股在長時間的橫盤震盪過程中，主力基本上完成建立部位計畫。

　　2017年1月13日開始，連續2日向上試盤，股價向上突破30日均線的壓制，以觀察市場跟風情況。但是，股價突破30日均線後，沒有出現持續上漲行情，而是繼續回落到30日均線附近窄幅震盪，形成一次向上的假突破。經過一段時間的整理後，股價在3月下旬進入盤升行情。

　　在實戰操作中，散戶遇到這種走勢時，可以採取以下4個操作策略：

　　（1）掌握突破的3個條件。突破幅度要大於3%；有效站穩時間在3天以

上；有成交量的積極配合。

（2）**後市密切關注該位置的市場表現**。股價有效向上突破時才能跟進，否則繼續觀望，或在該位置之下高賣低買。

（3）**判斷是否屬於假突破走勢**。重點觀察突破後的市場走勢，如果突破後股價很快大幅回落，則假突破的機率較高；如果股價只是小幅回檔，則屬於正常消化上方壓力走勢，是真突破的可能性較大。

（4）**結合其他技術因素綜合研判**。例如指標、形態、趨勢、浪形及股價所處的具體位置和主力運行階段等。

2. 向下假突破

在底部區域，股價向下突破某個技術位置時，如果盤中賣壓較重，主力在建立部位之前試盤，就會在突破位置之下實施建立部位計畫。如此一來建立部位成本較低，但時期可能較長。如果主力在建立部位之後試盤，表示底部基礎不夠紮實，後市股價可能繼續築底走勢。

相反地，如果這時盤中賣壓不重，主力在建立部位之前試盤，可能會採用打壓或推高的方式實施建立部位計畫，這麼做建立部位成本相對較高，但時期可能不會很長。如果主力在建立部位之後試盤，那麼後市行情萬事俱備，只欠東風。

見圖表3-7，這是中房地產的主力建立部位之前，向下假突破的試盤例子。該股在2017年5月出現一輪快速殺跌行情，短期跌幅超過50%，讓散戶跌得措手不及，蒙受巨大經濟損失，股價漸漸站穩形成盤整走勢。

那麼，股價是否已經真正跌到盡頭？恐怕連主力自己也不清楚，只有透過試盤才能知道。7月14日，主力再次大開殺戒，連續2天向下打壓，股價創出調整新低。這時，經歷前期大跳水的散戶對股價下跌心存餘悸，擔心股價再次大跌，紛紛選擇出場操作，主力卻在低位悄然大量收集籌碼。當主力完成建立部位計畫後，股價在9月14日拔地而起，走出一波暴漲行情。

見圖表3-8，這是同濟科技的主力建立部位之後，向下假突破的試盤例子。在股價長期震盪下跌的過程中，主力吸納大量低價籌碼。在股價上漲之前，主力進行一次試盤動作。

2017年7月17日，主力刻意向下擊穿平台整理區的支撐，形成技術破位

圖表3-7　中房地產（000736）的盤面走勢圖

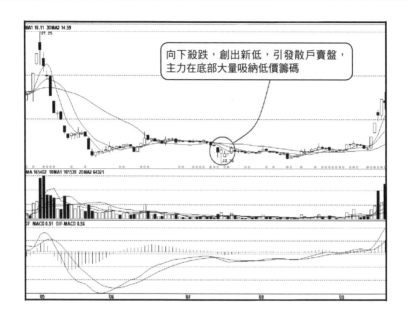

向下殺跌，創出新低，引發散戶賣盤，主力在底部大量吸納低價籌碼

圖表3-8　同濟科技（600846）的盤面走勢圖

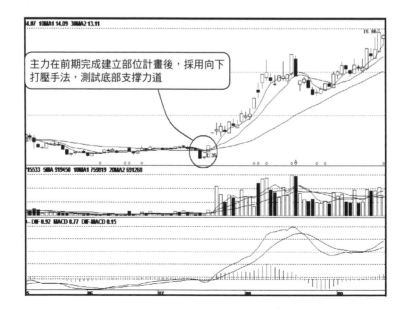

主力在前期完成建立部位計畫後，採用向下打壓手法，測試底部支撐力道

之勢。但破位之後，第2天股價站穩，沒有出現持續大幅下跌，也沒有明顯的賣盤湧出，表明盤內籌碼穩定牢固，已經具備股價拉升時機。

第3天，股價重回技術位之上，展開一輪快速上漲行情。這種走勢藉由向下假突破，測試底部支撐，股價一旦返回支撐位之上，投資者便可以大膽買進。

一般情況下，無論股價朝著哪個方向突破，一定要有氣勢、量能、力道，一氣呵成，不拖泥帶水，迅速脫離突破區域，大有一去不回頭之勢，因為這樣的突破才可靠。如果股價突破某個位置後，仍然在這個位置附近逗留而不願意離去，就值得懷疑。

從該股走勢圖中可以看出，股價向下突破平台整理區後，盤面沒有氣勢，股價沒有大幅壓低，迅速脫離突破位置，而是糾纏於突破位置附近，不得不讓人懷疑。而且，突破時沒有成交量，說明籌碼沒有大規模賣出，盤中缺乏做空動能，是主力在故弄玄虛。

分析這種盤面可以從價位、成交量、技術形態及意圖、操盤手法、盤面特徵和市場氣勢等因素分析。從該股盤面來看，股價處於低位區域，前期跌幅較大，這是主力向下試盤的一種手法。

⊚ 試盤手段 4：漲跌停板

1. 漲停試盤

在實戰操作中，主力經常運用漲停板試盤，觀察盤中的拋售量與跟風量的對比情況，分析並判斷籌碼的穩定程度。漲停試盤的盤面走勢，大多在漲停之後的次日展開放量震盪，第3天股價出現下跌或橫向整理。如果漲停後股價繼續上漲，可能已經進入拉升階段，此時不能以試盤對待。

漲停試盤有2方面的好處：一是可以測試盤中拋售情況，以及散戶的跟風熱情；二是可以出現在當天的漲幅榜中，吸引散戶關注，提高市場知名度，為後續操盤打下基礎。

這時，主力根據不同的盤面情況，將採取以下4個不同的操作策略：

（1）如果在推升時湧出大量賣盤，表示在這個位置的籌碼穩定性差，主力拉升時機不成熟，但適合長線建立部位。

圖表3-9　蒙草生態（300355）的盤面走勢圖

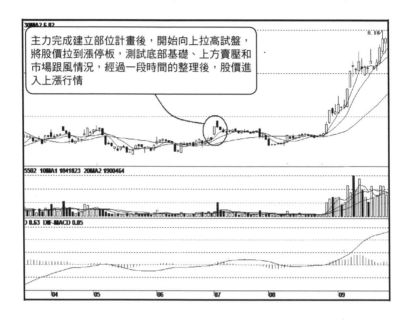

（2）如果在推升時僅出現少量賣盤，說明在這個位置的籌碼穩定性較好，主力拉升時機基本成熟，股價隨時可以脫離底部。

（3）如果在推升時有大量跟風盤，說明投資者看好該股後市，主力具備拉升條件，只要其他環境許可，股價很快就會上漲。

（4）如果在推升時缺乏跟風盤，只有主力自拉自唱，說明投資者暫時不看好該股，不具備拉升條件，股價仍需盤整。

見圖表3-9，蒙草生態股價大幅下跌後，主力在底部成功完成建立部位計畫，在建立部位過程中形成一條震盪帶，那麼這個底部是否紮實？

2016年7月6日，股價跳空開高走高，當天收出一根漲停大陽線，藉此觀察該位置的賣壓和跟風情況，第2天股價出現開高放量震盪走勢，第3天、第4天股價繼續震盪走低，既是一個傾盆大雨形態，又是一個黑三鴉形態，這2種K線組合形態，既說明上方有一定的壓力，又反映市場欠缺跟風，也顯示

| 圖表3-10 | 橫店東磁（002056）的盤面走勢圖 |

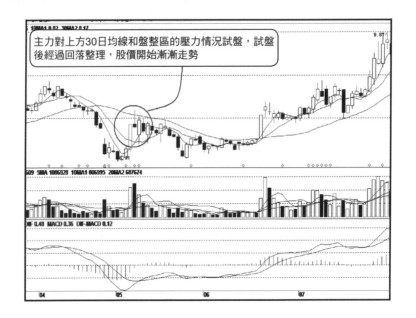

散戶拋售不明顯。根據這些盤面因素，主力採取整理消化走勢，股價進入拉高行情。

見圖表3-10，橫店東磁長時間在底部震盪，主力在這裡吸納不少低價籌碼。2017年5月5日主力展開一次試盤動作，這天股價小幅開低後2波拉至漲停，當天直到收盤封單不動。

從當日盤面可以看出，在賣檔位置堆積不少賣盤量，第2天股價出現衝高回落，說明盤中多空雙方分歧較大，股價還沒到達拉高時機，第3天股價開低震盪，雖然最後勉強拉起，但反映盤中籌碼的不穩定性。

此後，股價經過一段時間盤整，於6月20日再次拉至漲停，隨後股價漸漸向上拉高。其實，從技術角度分析，該股出現漲停時，沒有任何技術方面的支持，也就是股價漲停來得非常突然，是主力明顯的試盤動作。

從圖中可以看出，30日均線呈現下降狀態，不支援股價做多。股價上方遇到前期成交密集區，很難一次跨越，因此不是一個起漲訊號，最多只是一

個站穩訊號而已。投資者遇到這種盤面時，不妨高賣低買賺短線價差。

2. 跌停試盤

通常，主力在風平浪靜時突然打壓股價，直至跌停板，然後讓股價自然發展，以此測試盤中的持股意願和承接盤的動向。

跌停試盤兼具試盤與洗盤的雙重作用，在操盤手法上以不斷向下用大單砸盤為主。目的是測試下一個買盤力量，如果買盤力量較強，會繼續向下打壓砸盤，同時在打壓砸盤的過程中，也可以迫使部分投資者因為害怕巨大虧損，而恐慌賣出，主力趁機在較低價位再次悄悄買進。在跌停試盤過程中，成交量持續萎縮，當出現地量水準時，即宣告試盤動作結束。

主力根據盤面情況，將採取以下4個操作策略：

（1）如果在打壓時湧出大量賣盤，說明投資者在這個位置持股意願很弱，稍有風吹草動就會出場，主力拉升時機還沒到，適合長線建立部位。

（2）如果在打壓時僅出現少量賣盤，表示投資者在這個位置持股意願強烈，拉升時機基本成熟，此時不適合主力建立部位。

（3）如果在打壓時有大量承接盤，代表投資者看好該股後市，適合主力拉升和出貨，但不適合建立部位。

（4）如果在打壓時缺乏承接盤，表示該股的關注程度不高，適合主力建立部位，但不適合拉升和出貨，股價仍將繼續盤整。

見下頁圖表3-11，鹽湖股份股價見頂後大幅下跌，主力不斷壓制股價上漲，在低位形成一個。2017年4月17日再次向下破位後，股價不斷向下探求底部支撐，直到做空動能完全衰竭，這個期間主力在低位吸納大量的低價籌碼，成功完成建立部位計畫後，股價才漸漸站穩回升。

當股價小幅反彈後，在7月17日突然大幅跳空到30日均線之下開盤，盤中開低走低直至跌停收盤，股價又回落到前期低點附近，在盤面上形成極大的恐慌。藉由這樣的打壓試盤，有的散戶擔心股價破位下跌，便在跌停板價位上掛單賣出，主力則不斷收集籌碼。

第2天，股價沒有持續下跌，該跌不跌必定上漲，隨後股價漸漸向上推高。經過回檔整理後，從9月8日開始，股價出現快速上漲。

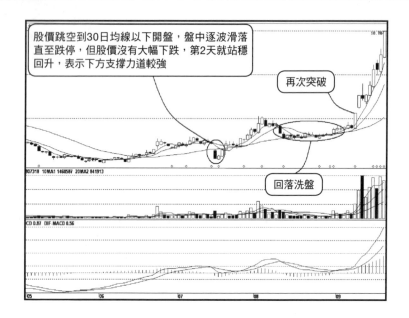

圖表3-11 鹽湖股份（000792）的盤面走勢圖

股價跳空到30日均線以下開盤，盤中逐波滑落直至跌停，但股價沒有大幅下跌，第2天就站穩回升，表示下方支撐力道較強

再次突破

回落洗盤

見圖表3-12，東方財富主力吸納大量低價籌碼後，在2017年7月17日向下試盤，股價大幅跳空開低，當天收於跌停價位，均線系統呈現空頭排列，做出股價要大跌的勢頭。

從分時觀察到下跌縮量、上漲放量，說明散戶惜籌不願意殺跌，追漲力道也不是很強大，第2天股價慣性下探創出新低，但賣盤也不大，說明市場底部已經明瞭。很快地，股價站穩回升，走出一波震盪上漲行情。

見第122頁圖表3-13，新易盛回落到底部後形成震盪走勢，主力為了測試低位的持股意願和承接力道，在2017年7月17日開盤後，股價一路走低，收出一根跌停大陰線，擊穿前期盤區的支撐，技術形態遭到嚴重破壞，無疑給散戶造成恐慌。

但是，第2天股價跳空開低並小幅走低後，很快得到站穩，隨後股價出現一段時間的橫向震盪走勢。從盤面分析，散戶惜售心理明顯，下方有一定的抄底盤介入，說明股價下跌幅度不會很大，8月16日股價放量漲停，向上

圖表3-12　東方財富（300059）的盤面走勢圖

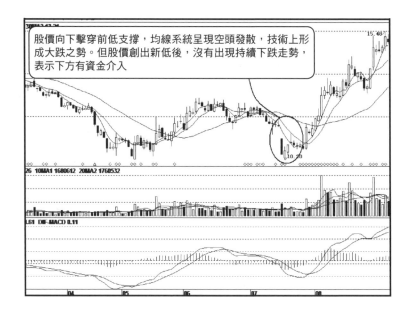

股價向下擊穿前低支撐，均線系統呈現空頭發散，技術上形成大跌之勢。但股價創出新低後，沒有出現持續下跌走勢，表示下方有資金介入

突破底部盤區，引發一波拉升行情。

　　這支股票明顯是主力的一次誘空試盤行為。從圖中可以看出，股價處於長期下跌後的低位，下跌空間已經不大，特別是股價向下破位後，在盤面上營造強大的空頭形態，但沒有引發大量賣盤。低迷的成交量能證明這一點，說明盤中浮動籌碼所剩無幾，散戶惜售意願較強。主力如果在這種情況下繼續打壓股價，有可能在低位丟失廉價籌碼。這是主力不願意發生的，所以股價很快站穩回升。

　　可見得，在股價有較大幅的下跌後出現破位，大多是空方的最後一跌，股價隨時有見底回升的可能。雖然沒能使股價立即上漲，但至少說明股價的下跌力道已經很弱，下跌空間也不大。這時應逢低吸納為主，當股價走強後，可以加碼買進。

圖表3-13　新易盛（300502）的盤面走勢圖

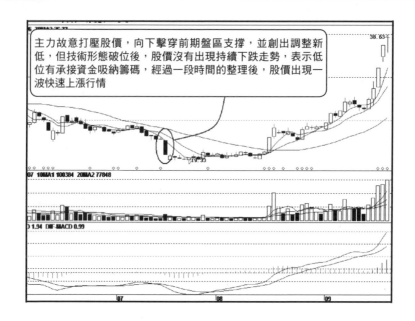

主力故意打壓股價，向下擊穿前期盤區支撐，並創出調整新低，但技術形態破位後，股價沒有出現持續下跌走勢，表示低位有承接資金吸納籌碼，經過一段時間的整理後，股價出現一波快速上漲行情

試盤手段 5：長影線

1. 長上影線試盤

　　主力在當天盤中一度放量衝高，之後以回頭波展開調整，在當天的K線上形成較長的上影線。這種方式主要是測試盤中賣壓力道，以此判斷籌碼的穩定程度，同時也吸引市場跟風者的注意力，為後續操盤打下基礎。

　　這種試盤方法在當天盤中攻擊時，以衝擊型量峰為主，表示主力在短時間內快速投入資金拉高股價。當上漲到一定幅度後，盤中撤出買盤資金，觀察賣盤的賣壓狀態，導致當天股價衝高回落，由於主力處於主導地位，可以從盤面上獲得真實的買賣資訊。

　　一般情況下，在重要壓力位附近出現的長上影線，都屬於主力試盤行為。如果發現主力試盤後繼續拉高股價，意味著賣壓較輕、跟風活躍，此時投資者可以積極參與。如果發現主力試盤後開始打壓股價，意味著賣壓較

　上海機場（600009）的盤面走勢圖

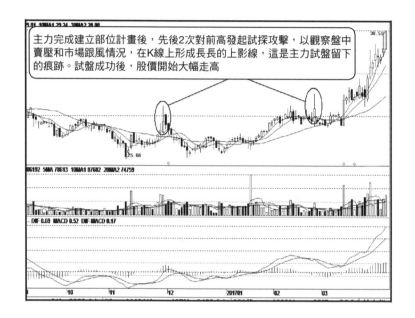

重、跟風冷淡，股價還要繼續盤整，投資者應觀望為宜。

　　見圖表3-14，上海機場的主力在股價長時間的震盪中，吸納大量籌碼，然後在2016年11月29日和2017年2月24日採取2次向上試盤動作，測試前期成交密集區的壓力，股價開盤後立即向上拉起，然後慢慢回落，當天收出帶長上影線的K線。在這之後經過短暫的整理，股價出現向上突破走勢，從此開啟一波大行情。

　　在實戰操作中遇到這樣的K線形態時，應密切追蹤、關注，一旦後市股價向上突破這根上影線，就是非常好的買進時機，穩健者可以等回落時逢低介入，一般會有一段不錯的行情，這與仙人指路K線形態有點相似，可以參考該形態的相關技術要點進行操作。

　　該股在向上收復上影線，並經過反轉確認有效時，就是最理想的進場機會，隨之而來的是漲升行情。

　　從圖中可以看出，該股處在市場底部區域，主力沒有獲利，出現這種帶

長上影線的K線，只不過是主力在試探上方的壓力大小，然後根據上方壓力決定拉升與否。

　　如果上方壓力較重，會在上漲途中洗盤整理，洗去浮動籌碼及不堅定的短線投資者，以減輕後期拉升的壓力，因此在洗盤結束後，股價還會繼續整理。投資者遇到這種情形時，如果股價放量上漲突破長上影線高點時，應及時跟進做多。

2. 長下影線試盤

　　這種試盤方法與長上影線試盤不同的是，長上影線主要測試賣壓，而長下影線主要測試支撐。主力在盤中向下砸盤至技術支撐位後，再將賣盤位置賣單撤出，觀察買盤位置相關大戶與散戶投資者的買進量變化，進而判斷該股在市場中的關注程度。同時，盤中向下打壓砸盤，可迫使部分投資者因為害怕虧損而賣出低價籌碼，達到再次吸籌的目的。

　　一般情況下，在重要支撐位附近出現的長下影線，都屬於主力試盤行為。如果發現主力試盤後股價止跌站穩，意味著該價位附近散戶持股意願較強、承接盤有力，這時投資者可以積極參與。如果發現主力試盤後繼續打壓股價，意味著該價位附近持股意願較弱、承接盤乏力，股價還要繼續盤整，投資者應耐心等待。

　　見圖表3-15，南風化工反彈結束後一路震盪走低，在成功探底之後，股價漸漸站穩盤整。主力成功完成建立部位計畫後，進行2次試盤動作，以檢驗底部是否構築紮實。第1次是在2017年7月17日採用跌停試盤，第2次是在8月14日再次快速將股價打低，以觀察前期低點附近的支撐情況。

　　當股價打壓到前期低點附近時，沒有引發恐慌盤，反而有買盤開始掛單介入，主力發現散戶進場搶購低價籌碼，便不再繼續打壓股價，而是快速拉起，形成長下影線。經過一段時間的盤整後，8月24日股價開始向上突破，然後洗盤再突破，主力意圖非常清晰。

　　我為何會說這根長下影線是主力的試盤行為？因為從圖中可以看出以下4點原因：

　　（1）該股前期下跌幅度大，調整時間長，投資價值顯現。這可以從前期下跌幅度和調整時間方面找出答案。

南風化工（000737）的盤面走勢圖

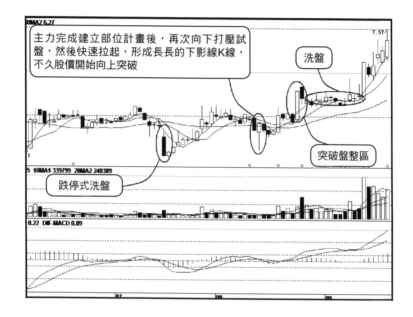

主力完成建立部位計畫後，再次向下打壓試盤，然後快速拉起，形成長長的下影線K線，不久股價開始向上突破

洗盤

突破盤整區

跌停式洗盤

（2）股價受到前期回檔低點支撐較強，該位置被投資大眾看好。

（3）在下跌過程中成交量大幅萎縮，說明下跌動能不強，浮動籌碼已經很少。

（4）在帶長下影線出現後的幾天裡，股價沒有繼續走弱，說明主力試盤只是點到為止，並且在隨後的幾個交易日裡，股價出現向上盤高。

投資者在實戰操作中遇到這種情形時，應密切關注前期低點的支撐情況，並在該位置少量做多，只要不破前期低點就可以大膽持股。或者，在股價走強後成功突破盤整區時，適當加大持股量。

(3-3) 散戶要如何洞悉試盤的意圖與現象，調整操作方針？

⑤ 識破主力試盤的意圖

　　主力吸貨大量的低價籌碼之後，不會馬上進入拉升狀態。雖然此時拉升的心情急切，但還要最後一次全面檢驗盤面。

　　一般來說，中線主力持有的籌碼占流通盤的40%～60%。在較長的吸貨階段中，主力不能確定這個期間沒有其他主力或大戶介入，集中的非主力如果在10%～15%或15%以上，會給主力造成不少麻煩。

　　在做莊過程中，經常會出現2個主力幾乎同時介入同檔股票的情況，持股比例也差不多，這樣拉升十分吃力。這檔股票質地雖然不錯，但股價就是不漲，盤面上下震盪，成交量時大時小。之所以出現這種情況，大多是幾個主力碰面，彼此制約，陷入進退兩難的境地，所以必須試盤。

　　在試盤時，一般主力會製造下列6個盤面現象：

1.股價上下震盪

　　試盤的方法一般是主力用幾筆大買單推升股價推高，看看市場的反應。主力將大買單放在買2或3上，推動股價上漲，這時看看有沒有人在買1上搶貨。如果無人理睬，表示盤面賣壓較輕，但股性較差；如果有人搶盤，而且盤面賣壓較輕，就成功一半。

　　緊接著，主力在拉升到一定的價位時，忽然撤掉下面託盤的買單，股價突然回落。然後，主力又在同個位置掛出大賣單，如果股價輕易下跌，說明沒有其他主力吃貨。

在推升過程中，如果盤中有較大的賣壓，這時主力大多先將買盤托至壓力價位之前，然後突然撤掉託盤買單，使股價下跌。如此反復，使高點不斷降低，該股的持有者以為反彈即將結束。主力突然拉出一個新高之後，又急轉直下，這時比前期高點高，眼看快要跌回原地，持有者不敢不減少部位。

舉例來說，某大戶的持股成本在10元左右（與主力的成本相近），共15萬股，主力在11元左右開始試盤。連續幾日從11元多下觸10元，有一天突然破位下跌到9.8元，此時大戶減少3萬股，緊接著又猛然拉到10.80元，大戶認為應該拿回籌碼，於是買回1萬股。然後股價又拉至11.80元，大戶還沒來得及高興，股價又跌到10元。大戶感覺賣壓太大，又減少4萬股，至此大戶持股為15－3＋1－4＝9萬股籌碼，而且平均成本比過去高得多。

2. 製造活躍盤面

試盤的種種情況，讓投資者了解市場中的持股情況，股性死板沒有關係，在大盤弱勢中逞強，強勢中壓盤，很快就能活躍起來。常見的手法有以下6種：

（1）在盤整中向上拉升或向下打壓試盤。

（2）在強勢中拉高後不參與的方式試盤。

（3）在弱勢中透過拉高或壓低股價試盤。

（4）利用頸線、趨勢線、黃金分割線、均線、通道上下軌等技術試盤。

（5）運用利多、利空消息拉升或打壓股價試盤。

（6）利用類股整體啟動或調整等情況試盤。

見下頁圖表3-16，盛路通信的股價從高位下跌後，底部出現橫盤走勢，下方形成一條支撐線，股價多次回落到這條支撐線附近時，都遇到支撐而回升。

不久後，主力試盤將股價向下擊穿下方支撐線，這時支撐線轉化為壓力線，通常是賣出訊號。但是，股價僅在支撐線下方停留幾日，就重新返回趨勢線上方，並出現盤升走勢，說明散戶賣盤不明顯，有逢低買盤介入，但也反映跟風不積極的一面，因此需要較長時間的盤整後，才能發動大行情。

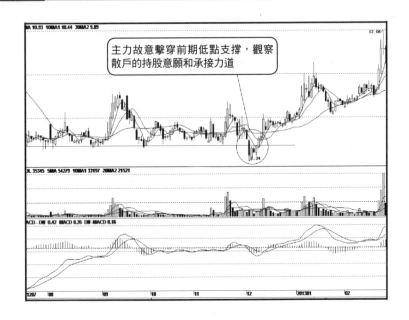

圖表3-16 盛路通信（002446）的盤面走勢圖

主力故意擊穿前期低點支撐，觀察散戶的持股意願和承接力道

　　從該股圖表中可以看出，股價無量向下突破支撐線，表示盤內籌碼依然穩固，沒有鬆動的跡象。向下突破反映主力故弄玄虛，欺騙散戶的籌碼。

　　股價擊穿支撐線後，沒有迅速脫離突破區域，尚無出現大幅下跌走勢。只是在趨勢線下方短暫停留後，便返回趨勢線之上，代表主力不敢在這裡停留太長的時間，以免損失低位籌碼。

　　從價位方面分析，經歷較長時間的下跌調整。股價已經到達底部區域，突顯投資價值，是中長期戰略投資者的建立部位區域，此時出現向下突破值得懷疑。

　　從主力角度分析，股價處於市場平均持股成本和主力持股成本區域附近。根據實戰操作經驗，一個比較均勻的水平通道形態，市場的平均成本價大概是在水平通道的中心價附近，主力的成本價位相對略低，但不會相差太遠。藉由推測計算，該股主力的大致持股成本為9元左右，因此股價不會長時間大幅下跌，向下破位是底部空頭的陷阱。

　　由此可見，這是主力一次打壓建立部位或打壓試盤行為，投資者遇到這種情形千萬不可盲目斬斷部位，持幣者可以逢低介入。

3. 異常盤面資訊

　　盤面資訊是研判主力控盤程度的重要之窗，盤中籌碼穩固與否，只有透過盤面資訊才能做出正確的判斷。

　　（1）拉升時掛大賣盤。一檔股票不漲不跌時，掛出的賣盤較正常，一旦拉升時，立即出現較大的賣盤，有時甚至是先掛出大賣盤，才出現上漲。出現這種現象時，如果賣盤不能被吃掉，一般說明主力吸籌不足，或者不想發動行情。如果賣盤被逐漸吃掉，且上攻的速度不是很快，大多說明主力已經相對控盤，既想上攻，又不想再吃進更多籌碼，所以拉升速度較慢，希望散戶抬轎，幫忙吃掉一些賣單。

　　（2）下跌時沒有大承接盤。如果主力建立部位不足，在試盤時不希望損失更多籌碼，因此下跌時低位會有一定的承接盤，自己賣給自己，有時甚至是先掛出買盤，再出現下跌動作。在主力已經控制較多籌碼的股票中，下跌時賣盤是真實的，低位不會主動掛出大的承接盤，目的是不想增加部位，有時還要減少部位，為下一波拉升作準備。

　　（3）即時走勢自然流暢程度。主力介入程度不高的股票，上漲時顯得十分滯重，市場賣壓較大，而主力相對控盤的股票，其走勢較流暢、自然，成交也較活躍，盤面資訊顯示，多方發揮主導作用。在完全控盤的股票中，股價漲跌則不自然，平時買賣盤較小，成交稀疏，上漲或下跌時才出現掛單，明顯給人一種被控制的感覺。

　　（4）大陽線次日的股價表現。一支沒有控盤的股票，大陽線後的第2天一般都會成交活躍，股價上竄下跳，說明多空分歧較大，買賣真實自然，主力會借機吸籌或出貨。如果在大陽線過後，次日成交清淡，波瀾不驚，大多表示已被控盤，主力既無意出貨，也無意吸籌。

4. 不同勢道中的試盤手法

　　主力試盤手法往往會結合大盤情況，與其他基本面變化情況。以下重點關注4個不同勢道中的試盤手法：

（1）**強勢中的試盤手法。**當主力基本上完成建立部位計畫時，準備開始拉升行情，K線形態上為小陰小陽的方式緩慢上漲，成交量呈現溫和放大，股價有脫離底部的明顯特徵，主力會經常採用不參與的手法，任由股價隨意波動，以此試探中小散戶的賣盤和買盤情況。

（2）**盤整中的試盤手法。**在股價相對較低的價位區域，且行情較為平淡時，主力往往會突然大幅拉升或打壓目標股，收出一根中、長陽線或陰線，以此觀察籌碼的鎖定情況，以及市場對該股的關注度和參與度。

（3）**弱勢中的試盤手法。**主力一般都喜歡在弱勢時借題發揮，藉助大盤的偏弱，趁機更誇張地造成股價大跌氣氛，加劇持股者的恐慌，大幅動搖散戶的持股信心。走勢上表現為中長陰線、無量下跌、短期均線呈現空頭排列等。

（4）**除了利用大盤背景試盤，還有其他手法。**主力利用消息試盤，包括市場和上市公司的消息，也包括利多和利空消息。操作上，有時誇張地擴大消息的作用，有時與消息的效果反向行動，使多數投資者摸不著頭緒，失去判斷能力而操作失誤。還有利用類股聯動的方式試盤，這點也包括正反兩面的戰術和故意不作為的手法。當然，偏好技術分析的人士，也可以看到主力利用技術特徵試盤，例如：開高陰線、開低陽線、射擊之星等。

5. 成交量放大

試盤時，成交量大多會出現放大現象，因此不要一看到放量就跟進，有時候放量是很危險的。這時要注意放大量時，均價線如果向下就不能買進，因為這是假買進、真賣出的量。當股價下跌到一定價位時，如果發現賣盤加大，價格卻不隨著賣盤而下跌，就可以買進。這同樣也是大量，要仔細對比，才能操作自如。

注意放量的另一個問題，就是一般散戶無論買賣都不大，如果出現3位數以上的買賣單，只有主力才有，這時可以結合盤面具體分析。此外，無論是中長線還是短線，如果發現突發巨量，尤其是在高位放量，就要特別警惕，判斷股價是否到頂。如果在底部放大量，大可不必擔心，看好自己關注的股票，瞄準買點隨時出擊。

6. 試盤的時間和空間

主力風格不同，試盤的時間和空間也不同。短線主力幾分鐘、十幾分鐘即完成一次試盤動作，中線主力可能持續幾天的時間，長線主力的試盤可能達到幾週的時間。

試盤的次數也有所不同，有的一次性完成，有的反覆多次試盤，大型的試盤有可能出現波段走勢。試盤空間大多在5%～15%之間，過大過小都達不到試盤效果，了解這個空間的大小，有助於在股市取勝。試盤特別複雜，非高手不宜參與，但是可以借用主力試盤，洞察主力意圖，進而調整操作方式。

🅢 根據盤面現象適時操作

主力試盤時的特點，歸納出來是「快、急、短、小」4個字。快，就是試盤來得快，毫無徵兆。急，就是大起大落，來得急、去得快，令人追殺不及。短，就是行情持續時間短暫，有的僅在幾分鐘內完成。小，就是漲跌幅度小，可操作性不強。

1. 開盤

（1）**大幅跳空開高。** 開盤時以漲停或很大升幅開高，在成交時股價又慢慢回到前一日收盤價附近。其目的有3個，一是突破關鍵價位，主力不想因為紅盤而引起他人跟風，故意做成陰線，也有震倉的效果，二是主力吸籌的一種方式，三是試盤動作，試探上方賣盤是否沉重。

（2）**大幅跳空開低。** 開盤時以跌停或很大跌幅開低，在成交時股價又緩緩回升前一日收盤價附近。其目的有3個，一是出貨，二是為了收出大陽線，使圖形好看，三是為了探底。

2. 盤中

股價在原先通道（上漲、橫盤、向下）中運行，某日主力突然在盤中瞬間放量大幅拉高或打壓股價。主要是為了做出長上影線與下影線，有以下2種情況：

（**1**）**瞬間大幅拉高**。盤中以漲停或很大升幅一筆拉高，瞬間又回落。這麼做的目的有2個，一是試盤動作，測試上方賣盤是否沉重，二是使圖形難看，達到洗盤效果。

（**2**）**瞬間大幅打壓**。盤中以跌停或很大跌幅一筆打低，瞬間又回升。這麼做的目的有3個，一是試盤動作，測試下方買盤的支撐力及關注度，二是做出長下影線，使圖形好看，吸引投資者，三是主力資金不足，賣出部分後，用返回資金拉升。

在K線中出現上下影線較長的十字星。試盤型上影線是用上影線試探上方賣壓，也可稱為「探路」。上影線長，但成交量沒有放大，股價在一個區域內經常收出帶上影線的K線，這是主力試盤所為。在試盤後，如果該股放量上漲，可以安心持股，如果轉入下跌，證明主力上方確實有賣壓。這時可以跟著主力賣股，之後在更低位可以承接。注意，當股票大漲後拉出上影線時，最好馬上退出。

3. 收盤

（**1**）**收盤前瞬間拉高**。在收盤前半分鐘突然出現一筆大買單，提高幾個價位買進，把股價拉至很高。這麼做的目的是，主力資金實力有限，為了節省資金，使股價收盤在較高位或突破具有強壓力的關鍵價位，因此選擇在收盤前突然襲擊，瞬間拉高。在收盤前偷襲，由於大多數人沒有反應過來，導致發現時已經收盤而無法賣出，因此主力達到目的。

（**2**）**收盤前瞬間下砸**。在收盤前半分鐘突然出現一筆大賣單，降低很大價位賣出，把股價砸至很低。這麼做的目的有2個，一是使日K形成光腳大陰線、十字星或陰線等較難看的圖形，讓持股者恐慌而達到震倉目的，二是使第2日能夠開高並大漲，而躋身升幅榜，吸引投資者注意。

第 **4** 章

當主力「洗盤」，你掌握時機低買高賣就能賺 100%

4-1 主力洗盤的 3 種規律中，快速打壓會砸破重要技術支撐位

　　洗盤行為大多出現在中線及長線主力中，短線主力由於籌碼不集中、駐莊期短，通常沒必要也沒能力洗盤。從盤面運作來看，洗盤可以分成3種方式，包括橫向震盪洗盤、回落洗盤整理、向下打壓洗盤。

　　這3種洗盤方式以力道來說，橫盤洗盤最弱，回落洗盤次之，打壓洗盤最猛。以持續時間來說，橫盤洗盤最長，回落洗盤次之，打壓洗盤最短。

規律 1：橫向整理洗盤

　　這種洗盤方式是主力成功完成建立部位計畫後，股價開始漸漸向上走高，然後形成橫盤整理走勢，讓股價隨波逐流，由散戶自由完成籌碼換手，股價震盪幅度漸漸收窄，成交量出現明顯萎縮。

　　這種洗盤方式雖然溫柔，但洗盤效果非常好，不少散戶看到股價長時間沒有起色，就會及時了斷，另覓他股。部分場外散戶看到股價不跌，便會擇機進場，實現籌碼換手，提高市場平均持股成本。

　　這種洗盤方式大多屬於長線主力所為，主力持股較多。需要提醒的是，橫向洗盤不能單純理解為水平移動，有時會出現上移或下跌的走勢，只要波動幅度不大，都可以理解為橫向洗盤。

　　見圖表4-1，盛和資源的主力完成建立部位計畫後，股價開始緩緩向上推升，2017年7月7日股價放量向上突破，在相對高位維持橫盤整理，股價波動幅度收窄，成交量略有萎縮，期間不理會大盤的漲跌情況。這時許多缺乏耐性的散戶以為股價已經見頂，紛紛逢高拋售出場，主力成功完成洗盤計

| 圖表4-1 | 盛和資源（600392）的盤面走勢圖 |

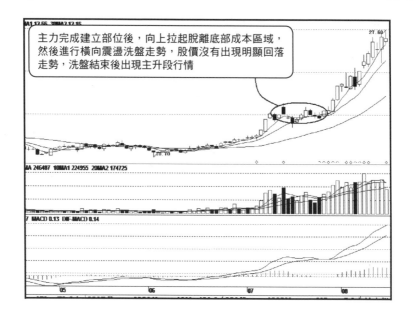

主力完成建立部位後，向上拉起脫離底部成本區域，然後進行橫向震盪洗盤走勢，股價沒有出現明顯回落走勢，洗盤結束後出現主升段行情

畫，盤中籌碼得到很好的交換。7月28日，成功完成洗盤後，股價開始向上突破，從此展開一輪主升段行情。

這種洗盤方式的特徵是，股價在某區域形成長時間的橫盤格局，利用散戶缺乏耐性的弱點，消磨散戶的意志和信心。在橫盤期間，成交量呈現萎縮狀態，偶爾出現脈衝式放量。

這種洗盤方式側重於用時間消磨，以時間換空間，平台橫行的時間越長，波幅越窄，洗盤越徹底，後市漲幅就越大。這種洗盤方式較常出現在大盤上升時，因為大盤上升，市場相對活躍，股票普遍上漲。面對個股牛皮盤整走勢，很多主力追隨者有強烈的換股欲望，往往會失去持股耐心，使主力達到洗盤震倉的目的。

主力為了防止市場平均持股成本降低，將股價維持在一個較高的價位上洗盤，讓散戶在這個平台內將所持籌碼充分換手。主力將股價控制在一個很窄的範圍內，形成長期的牛皮沉悶走勢，消磨散戶的信心，同時又讓一些眼

光遠見的投資者進入。這樣就能完成籌碼換手，提高市場平均持股成本，消除後市股價上漲的壓力。

散戶遇到這種情況時的操作方法是以多看少做為宜。在先前底部介入者，若耐不住橫向整理，可以擇高先行退出。在股價放量突破盤整區時，重新考慮介入，或者成交量不斷放大時，設法在低價買進。

對於向上突破平台整理的個股，應重點注意：第1次放量向上突破平台時，可加重部位或加碼買進，第2次放量向上突破平台時，可適量參與，第3次以上放量向上突破平台時，謹防假突破，應做好隨時退出的準備。

規律 2：震盪回落洗盤

這種洗盤方式是股價經過小幅上漲後，盤中出現一定的獲利盤，這時股價向下回檔一定的幅度，形成一個階段性頭部，讓低位獲利盤出場，場外散戶進場，成功實現籌碼換手，同時主力自己也在高賣低買。大多數主力都喜歡採用這種洗盤方式，因為它適合各種類型的主力，股價起伏較明顯，波峰浪谷清晰。

見圖表4-2，天茂集團的主力成功完成建立部位計畫後，在2017年6月23日出現放量向上突破前高，突破後主力不急於向上拉高，而是緩緩向下滑落，釋放大量的短期籌碼。當股價回落到10日均線附近時，看好後市的資金開始介入，股價獲得支撐而再次拉起，市場出現新一輪上漲行情。

這種洗盤方式既運用打壓震倉的原理，又運用長時間消磨耐心的技巧，是洗盤最常用的手法，其特點在於和橫向式洗盤相比，可以縮短洗盤時間，和打壓式洗盤相比，可以避免低價籌碼的損失。有時候出現上下大幅震盪走勢，股價起伏不定，主力利用開高走低、拉高、再殺低、再拉高，藉由反覆上下震盪的方式洗盤。

在股價長時間頻繁上下震盪中，擾亂投資者的步調，讓他們捉摸不定，經常處於追漲殺跌之中，無法清楚股價的運行方向，買也不對，賣也不是，進而被迫出場觀望。然而，能夠忍受這種洗盤方式的投資者，往往是市場中的佼佼者。

這就是主力根據散戶的追漲殺跌心理，經常採取的洗盤方式。散戶買進

圖表4-2　天茂集團（000627）的盤面走勢圖

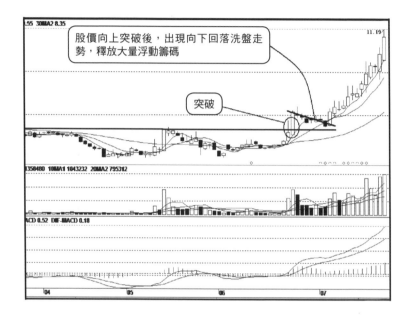

股票後，遇到股價回落時，往往選擇退出觀望。當股價下跌到一定的幅度後，場外散戶又會進場。

　　散戶遇到這種情況時，操作方法是持股者在股價放量滯漲時，擇高先行退出；在股價縮量整理時，保持觀望；在站穩回升時，重新介入；在放量突破前期高點時，再度加碼買進。

規律 3：快速打壓洗盤

　　這種洗盤手法非常凶狠，股價向下砸破一些重要的技術支撐位，造成極度恐慌的盤面，連技術派人士也看空後市。中短線主力較常使用這種洗盤方式，一些游資主力也喜歡用這種方式洗盤。長線主力可能會在底部區域時，使用這種手法，不過一旦進入上漲通道，一般就很少採用這種方式洗盤。

　　見下頁圖表4-3，京漢股份的主力在底部吸納大量低價籌碼，成功完成

圖表4-3　京漢股份（000615）的盤面走勢圖

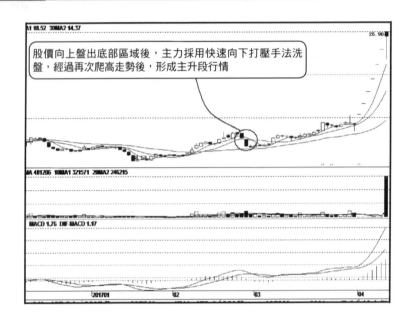

股價向上盤出底部區域後，主力採用快速向下打壓手法洗盤，經過再次爬高走勢後，形成主升段行情

建立部位計畫後，股價開始緩緩向上爬高，當股價爬高到前期高點附近時，主力開始打壓股價洗盤。2017年2月24日和27日，2根大陰線一舉擊穿10日均線的支撐，造成技術形態非常難看，在K線上又呈現雙重頂形態，看空氣勢非常強烈，不少散戶在恐慌中紛紛賣出籌碼。

　　但是，股價沒有出現大幅下跌走勢，而是在下探30日均線附近時，出現止跌回升走勢，股價重新回到前高附近。這時又有一批散戶選擇出場觀望，隨後主力藉助利多消息出現快速拉升行情。

　　打壓式洗盤的特點是「快」和「狠」，它的打壓速度迅猛、手法凶狠。這樣既能節省洗盤時間，又能達到洗盤效果。主力在大幅拉升股價後，盤中累積大量獲利盤，利用投資者較強的獲利回吐欲望，以凶狠、快速的方式突然向下砸盤，使股價大幅回落，形成一根長長的陰線。

　　主力刻意打壓投資者容易產生恐懼的弱點，製造恐慌氣氛，動搖投資者的持股信心，讓他們無法接受股價大幅下跌的事實，進而賣出股票，達到將

獲利籌碼震盪出場的目的。

　　主力的手段是猛烈打壓投機性強、沒有實質投資價值、短線有一定升幅的個股。因為這些股票有許多不確定因素，散戶的持股信心容易動搖。股價回落砸破某個重要技術支撐位時，容易使主力追隨者產生大勢已去的錯覺，而迅速將手中股票獲利出場。

　　但一般在低位停留的時間不會太長，跌勢通常在一週內、甚至第2天就會結束，讓前日的賣股者感到莫名其妙。打壓洗盤的最佳時機是在大盤調整時，個股向下打壓效果更好。

　　散戶遇到這種情況時，若是中長線投資者，可以不理會股價的一時漲跌起落，免得從馬背上摔下來。若是短線投資者，應根據均線、成交量、壓力位和支撐位等技術要素，進行綜合分析，例如：股價放量上漲遠離均線時，預示洗盤將出現，為短期賣出時機；股價縮量回落到均線時，預示洗盤將結束，為短期買進時機。

(4-2) 透視洗盤的 7 個手段：向下破位、上漲遇阻、開高走低……

⑤ 洗盤手段 1：向下破位

1. 跌破均線洗盤

股價出現止跌上漲後，均線系統由空頭排列轉為多頭排列。這時主力為了加強洗盤力道，刻意打壓股價，向下跌破均線系統的支撐。股價由均線上方轉為下方，造成技術破位走勢，均線系統轉為走平或形成空頭發散，市場再次形成恐慌氣氛。

不少散戶看到這種情形後，認為股價漲勢結束，後市將出現下跌行情，因此紛紛賣出股票，如此一來便落入主力打造的空頭陷阱之中。

見圖表4-4，億帆醫藥在長時間的震盪過程中，成交量出現持續萎縮。主力在盤跌過程中採用各種建立部位手法，成功完成建立部位計畫。2017年6月2日，探出一個明顯的低點後，股價出現見底回升走勢，30日均線由下跌狀態漸漸轉為上漲狀態，均線系統呈現多頭排列。

當股價回升到前期高位盤區附近時，為了進一步紮實底部基礎，主力停止向上推升股價，展開向下打壓洗盤走勢。7月17日，一根下跌大陰線故意將股價打壓到30日均線之下，盤面造成技術破位之勢。這時散戶形成一定的恐慌氣氛，低位獲利盤和前期套牢盤相繼賣出。主力順利完成洗盤換手，並在下跌過程中實施加碼計畫，第2天股價站穩走強，從此走出一輪震盪上漲行情。

從走勢圖中可以看出，在股價站穩之前，已經有較長時間的調整，主力成功完成建立部位計畫。主力利用向下跌破30日均線支撐，目的明顯是製造

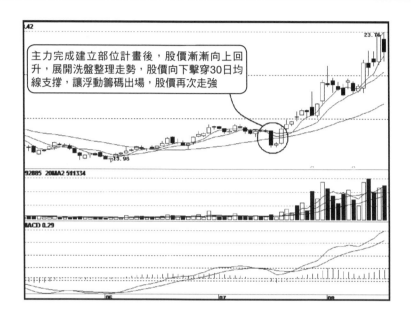

圖表4-4　億帆醫藥（002019）的盤面走勢圖

> 主力完成建立部位計畫後，股價漸漸向上回升，展開洗盤整理走勢，股價向下擊穿30日均線支撐，讓浮動籌碼出場，股價再次走強

一個空頭陷阱，讓散戶產生反彈結束的錯覺，導致操作失誤。

這既是一次洗盤行為，也是一次向下試盤和加碼的過程，這是主力一舉多得的操作方式。投資者遇到這種走勢時，可以在前期低點減輕部位，當股價向上突破雙重底的頸線位後，可以加碼到80%以上的部位做多。

從走勢圖中可以看出，這支股票屬於典型的洗盤性質，理由如下：

（1）市場轉為強勢之後，股價首次回落到30日均線之下，除非後市有非常大的利空消息打擊，否則股價經常有重返30日均線之上的可能。當市場處於強勢時，均線系統呈現多頭排列。在股價第1次回落到30日均線之下，絕大多數會返回到30日均線之上，在股價第2次回落到30日均線之下，也有多數個股有一次反彈。如果股價回落到30日均線之下3次以上，就有可能不會再回到30日均線之上，這時應做好賣出準備。

（2）在股價向下突破30日均線後，照理來說會出現一波下跌行情，但盤中沒有出現持續下跌走勢，在前期盤整區獲得技術支撐而回升，說明這是

一次假突破行為。

（3）在股價回落時，成交量持續萎縮，符合縮量回檔走勢，也反映主力沒有大規模退出，只是一些浮動籌碼拋售所為。可見得，主力利用向下跌破30日均線支撐，製造一個空頭陷阱，投資者可以在前期低點試多單，當股價重返30日均線之上或突破前期高點時加碼介入。

2. 跌破前低洗盤

股價在震盪過程中形成的明顯低點，具有重要的支撐作用，一旦股價向下擊穿前期調整低點，意味著將出現新一輪下跌走勢，因此是一個賣出訊號。但在洗盤過程中，主力為了加強洗盤效果，刻意向下突破前期低點，造成一定的恐慌氣氛，誘導散戶出場。不過，股價沒有下跌多少就站穩回升，並由此走出強勁的上漲行情，成為一個空頭陷阱。

見圖表4-5，中國平安小幅上漲後出現盤整走勢，主力為了檢驗賣壓情況，在2017年4月12日進行明顯的打壓動作，股價向下擊穿前期低點支撐。雖然這個舉動導致市場出現恐慌情緒，使不少散戶拋售籌碼出場，但是當恐慌的散戶出場後，股價卻止跌站穩。

經過短暫的整理後，股價漸漸盤升而上，成交量也開始溫和放大，股價出現一波非常好的拉升行情。

從該股走勢圖中可以看出，股價向下突破前期低點時，沒有大幅壓低迅速脫離突破位置，而是在突破位置附近盤整，說明做空氣勢較弱。而且，突破時沒有成交量，說明下跌動能不強，盤中缺乏做空動能，籌碼已經被主力鎖定，浮動籌碼很少，屬於無量空跌走勢，是主力在故弄玄虛。

這是主力利用散戶對某個技術點位的心理預期，採用反大眾思維操作，刻意打壓股價跌破前期低點支撐，使散戶的心理預期破滅，做出拋售出場的決定，以此達到洗盤目的。

散戶遇到這種走勢時，應密切注意隨後的走勢。如果股價沒有持續下跌，可以判定是主力洗盤行為所造成，不必為此恐慌。一般來說，股價無論往哪個方向突破，一定要有氣勢、量能及力道，一氣呵成，不拖泥帶水，迅速脫離突破區域，大有一去不回頭之勢，這樣的突破才是真突破。

如果股價突破某個位置後，仍然在這個位置附近逗留而不願離去，這樣

　中國平安（601318）的盤面走勢圖

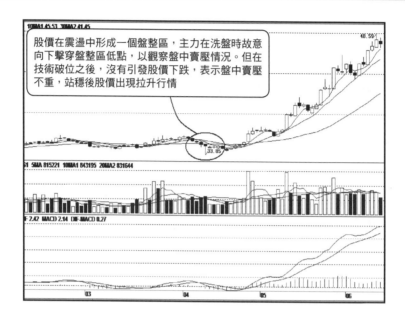

股價在震盪中形成一個盤整區，主力在洗盤時故意向下擊穿盤整區低點，以觀察盤中賣壓情況。但在技術破位之後，沒有引發股價下跌，表示盤中賣壓不重，站穩後股價出現拉升行情

的突破就值得懷疑，該股就是一個典型的例子。因此，向下跌破前低是主力故意打壓的洗盤行為，投資者應堅定持股信心。

3. 跌破盤區洗盤

　　股價經過一輪小幅上漲行情後，在相對高位形成一個盤整區，這個區域對後市股價發展將產生重要影響。一旦成功向下突破這個盤整區，該位置往往成為後市較長時間的重大壓力位，後市股價可能因此出現一波持續下跌行情，這時構成一個賣出訊號。

　　但是在實戰中，這種走勢經常出現假突破。主力常常採用打壓洗盤的手法，向下擊穿盤整區，造成股價向下破位之勢，引發散戶恐慌出場。當散戶紛紛賣出籌碼後，主力洗盤也就結束了，股價很快形成牛市上漲行情。

　　見下頁圖表4-6，建設能源股價反彈結束後，在相對高位形成震盪走勢（主力在這個階段高賣低買），並且在震盪過程中形成一個盤整區，時間長

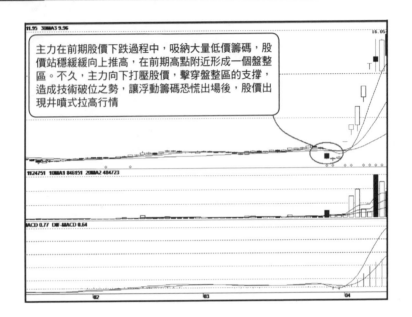

| 圖表4-6 | 建設能源（000600）的盤面走勢圖 |

主力在前期股價下跌過程中，吸納大量低價籌碼，股價站穩緩緩向上推高，在前期高點附近形成一個盤整區。不久，主力向下打壓股價，擊穿盤整區的支撐，造成技術破位之勢，讓浮動籌碼恐慌出場後，股價出現井噴式拉高行情

達一年之久。

2017年3月29日，一根大陰線向下脫離該盤整區，形成技術破位之勢，預示股價將向下走跌，因此構成短線賣出訊號。但是，當散戶紛紛出場後，股價沒有出現持續下跌走勢，第2天就止跌站穩。4月6日，藉助雄安新區的利多消息，股價跳空上漲，出現一波快速上漲行情。

該股為何向下突破盤整區後，股價沒有出現持續下跌行情？從技術圖形中，可以發現以下3點技術疑問：

（1）股價向下突破時沒有成交量，無量空跌說明沒有恐慌盤湧出，主力對盤面掌控較好，籌碼已經被鎖定，盤中浮動籌碼較少。

（2）股價向下脫離盤整區後，沒有出現持續下跌走勢，表示主力沒有大規模出逃。如果主力已經完成出貨，股價就會快速且大幅下跌，主力不會護盤。

（3）這是一支強勢主力股，也是一支長線主力股，主力介入程度較

深，盤面走勢具有獨立性。

　　投資者在實戰中遇到這種盤面時，持股者應堅決持股，密切關注突破是否有效，然後再做買賣決策。如果對技術有把握，也可以波段操作，其獲利會更好。持幣者可以等待股價重返30日均線之上，或向上突破盤整區時介入，部位可以控制在80%左右，在高位出現滯漲或大幅波動時出場。

　　對於這類個股的走勢，投資者只要認真分析盤面，不難發現一個明顯的矛盾：股價在漲幅不大的相對高位維持長時間盤整，而向下突破盤整區之後跌幅又不大。

　　這就有問題了，投資者可以思考，假如主力在高位盤整出貨，那麼盤整之後的向下突破，代表主力基本上完成出貨目的，隨後股價肯定會大跌。事實卻恰恰相反，股價突破之後沒有大幅下跌，否定主力出貨的假設，這樣主力的意圖就明確了。

　　在實戰操作中，如果出現以下盤面現象，可以認定為假突破：

　　（1）在向下突破盤整區之前，股價出現明顯的走強跡象，但累計上漲幅度不大，一般漲幅在50%以下為佳，個別強勢主力股可能大於這個幅度。

　　（2）在股價向下突破時，沒有氣勢和力道，而且突破後股價沒有持續下跌。

　　（3）在向下突破之後，股價很快站穩回升，或很快收復大部分失地。

　　出現這些盤面特徵時，一旦股價向上突破，就表明洗盤調整結束，可以買進做多。

4. 跌破形態洗盤

　　有時在慢速洗盤過程中，由於持續時間較長，可能會形成某些技術形態，例如：雙重頂、頭肩頂、三角形等整理形態。股價一旦成功向下突破這些技術形態，表示成功構成頭部技術形態，股價將沿著突破方向繼續向下運行，因此是一個普遍看空的賣出訊號。但是，主力經常會採取假突破的方式，來完成洗盤目的，不少散戶受騙被洗盤出場，而錯失大牛股。

　　見下頁圖表4-7，中國建築成功見底後，股價漸漸向上盤升，然後在相

圖表4-7	中國建築（601668）的盤面走勢圖

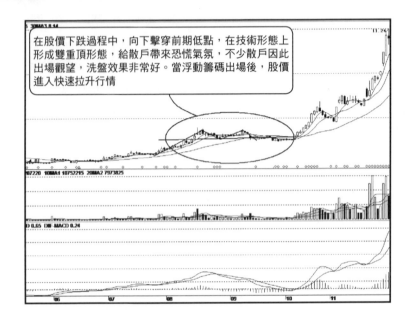

在股價下跌過程中，向下擊穿前期低點，在技術形態上形成雙重頂形態，給散戶帶來恐慌氣氛，不少散戶因此出場觀望，洗盤效果非常好。當浮動籌碼出場後，股價進入快速拉升行情

對高位出現震盪整理走勢，在震盪過程中形成一個疑似雙重頂形態。2016年9月12日，主力為了加強洗盤效果，刻意向下打壓股價，多根下跌陰線向下擊穿雙重頂形態的頸線位支撐，成功構築一個標準的雙重頂形態，表示已經形成股價頭部，後市股價以下跌為主，因此是賣出訊號。

不過，股價下跌幅度不大，經過短暫的蓄勢整理後，出現放量向上突破走勢，前期的雙重頂形態成為一個空頭陷阱。

如何解讀這種盤面走勢？從圖中可以看出，這是主力的一次洗盤過程：

（1）股價見底後的上漲幅度不大，大約在50%左右。主力獲利不大，基本上可以排除主力出貨的可能性。

（2）股價向下突破前後的成交量都不大，說明做空力量有限，只有一些膽小的散戶賣出，主力依然掌控籌碼。

（3）在股價跌破雙重頂的頸線位後，雖然引起散戶恐慌，但股價沒有出現持續的下跌走勢，調整幅度有限，在0.618黃金分割位附近獲得支撐，符

合洗盤技術要求。

　　由此可見，這是主力正常洗盤的調整走勢，投資者可以在股價站穩時少量介入，重返30日均線之上時加碼做多，突破前期高點時繼續加碼操作。

　　股市有句諺語：「水無常態，股無常形。」在洗盤階段，如果用正常的趨勢、K線、形態、波浪、切線等技術分析手法解讀股市，很容易犯錯。舉例來說，趨勢線或切線被突破後，不久股價卻朝反方向運行；紅三兵、黑三鴉等K線組合並非人們想像的那樣；標準的形態或波浪卻沒有標準的行情出現等等，不勝枚舉。

　　一般來說，標準的圖表出現大漲或大跌的機率較小，而真正的漲跌行情經常隱藏在虛虛實實的圖表中。道理很簡單，主力不會用顯而易見的圖表做莊，於是散戶要有識破這種圖表的本領，練就霧裡看花的功夫。

◎ 洗盤手段 2：上漲遇阻

　　這種洗盤方式是主力將股價拉升到壓力位附近時，刻意製造震盪走勢，造成難以突破的假象，進而放大壓力效果，使散戶見到股價攻而不破時，以為後市股價上漲無望而放棄持股，藉此達到洗盤的目的。

1. 借均線壓力洗盤

　　股價一旦回落到均線系統之下，均線就會對股價構成反壓作用。實戰中，主力經常利用均線的反壓作用洗盤整理。通常短期快速洗盤以5日、10日為壓力，中期洗盤以30日均線為壓力，而長期慢速洗盤以60日均線為壓力。不少散戶看到股價遇到均線壓力而不能有效突破，就會出場操作，因此洗盤效果非常好。

　　見下頁圖表4-8，萬華化學的主力利用30日均線的反壓作用洗盤整理。該股主力完成建立部位計畫後，採取一邊拉升一邊洗盤的方式，將股價穩定地向上推高。

　　2017年4月下旬，股價回落調整到30日均線之下，30日均線由原先的支撐作用轉為新的壓力作用。通常，30日均線是散戶心目中的中短線強弱分界

圖表4-8　萬華化學（600309）的盤面走勢圖

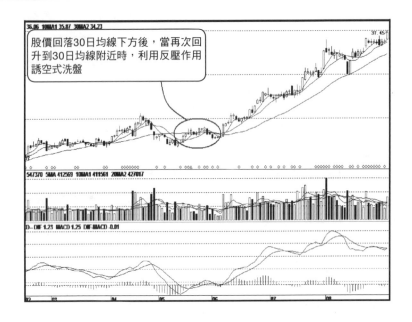

線，大家非常關注30日均線的得失。

　　隨後，股價多次攻擊30日均線時，雖然有向上突破動作，但未能有效形成突破，結果無功而返又向下滑落，由此明顯加強看空氣氛，不少散戶在30日均線附近拋售出場。但是，股價沒有出現持續下跌走勢，6月7日一根放量大陽線成功返回30日均線之上，從此股價產生新一輪快速拉升行情。

　　該股明顯是主力的洗盤意圖，從圖中可以發現一些技術疑點：

　　（1）股價向下擊穿30日均線之後，沒有形成持續下跌之勢，而是在突破位置附近盤整，表示做空氣勢不夠強盛，股價向下擊穿但沒有向下走跌，這是有問題的。

　　（2）股價出現持續縮量現象，符合股價回檔蓄勢特徵，也表示沒有出現恐慌盤，場內籌碼處於穩定狀態。

　　（3）在前期上漲過程中，有大量的新資金進場，這部分資金沒有獲利，主力不會出場。

（4）距離底部盤整區不遠，下跌空間不會大。

由此可見，這是主力利用30日均線的反壓作用實施的洗盤意圖。當股價重返30日均線之上時，投資者可以積極參與。

投資者遇到這類個股時，可以觀察以下4方面的盤面細節綜合分析：

（1）當天股價開盤後快速衝擊壓力位，且上衝時主要依靠對倒單拉上去，在分時圖上呈現直線上升。當股價到達壓力位附近時，盤中出現大量賣盤直接打壓股價，而多方在股價回落之後無力反擊。當天成交量大部分都在股價回落過程中產生，而在股價下探之後的回升過程中卻很少有買盤。股價在分時走勢上的走勢不順暢，出現緩慢震盪回升的現象，表示上方壓力明顯，應逢高出場觀望。

（2）如果股價運行到壓力位附近時，經常出現主動性回落，但回落到一定程度時，買盤不斷湧進，將股價拉起，經常收出較長的下影線，且成交量大部分是在回升過程中產生。而且，在股價下探回升之後，逐步向上衝擊壓力位，這時在分時走勢圖上呈現穩紮穩打的攀升。當攀升到一定程度後，遇到壓力回落，但是回落的幅度不是很大，過程中成交量也出現萎縮。那麼後市股價突破壓力位，繼續向上攀升的可能性相當大。

（3）觀察盤面氣勢。當股價觸及均線附近時，出現迅速折返，表明空方力量氣勢強大，壓力明顯。如果股價在均線附近逗留，則壓力較弱，大多是主力故意所為，假訊號的可能性大，股價之後向上突破這個位置的可能性非常大。

（4）股價處於強勢上漲過程中，或是初步形成上漲趨勢。如果在下跌反彈過程中，遇到均線系統反壓時，應高度警覺。而且，要小心漲幅過大的個股，特別是階段性漲幅超過1倍甚至數倍。當股價回落均線系統之下，應提高警覺。

2. 借前高壓力洗盤

在股價反彈過程中形成的階段性高點，對後市股價上漲具有重要的壓力作用，容易在這個位置附近出現受阻回落走勢，對投資者產生重要影響。當股價反彈到該位置附近時，散戶往往不約而同賣出籌碼，加上主力刻意放大

圖表4-9　鞍鋼股份（000898）的盤面走勢圖

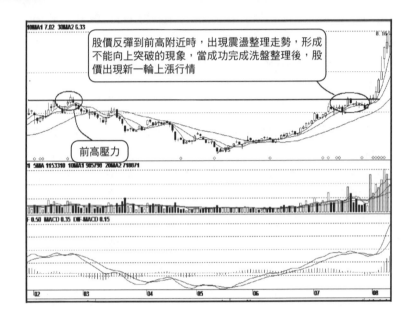

壓力效果，股價受阻更加突出，進而產生較好的洗盤效果。

　　見圖表4-9，鞍鋼股份反彈結束後再次回落，形成一個明顯的高點，主力在回落過程中大量吸納籌碼，全面完成建立部位計畫，股價漸漸站穩回升。2017年7月中旬，當股價回升到前期震盪高點附近時，盤面出現震盪滯漲現象。散戶發現股價久攻不破，認為上方壓力較大，紛紛出場觀望。

　　股價在這裡經過一段時間的震盪調整後，主力成功完成洗盤換手，股價在8月初向上突破前期高點壓力位，此後出現一波快速上漲行情。

　　那麼，該股的主力意圖是什麼？從圖中可以看出，主力巧妙利用前期反彈高點這個顯而易見的壓力位，製造虛假的技術壓力，讓散戶在前期反彈高點附近賣出，實現自己的洗盤目的。

　　其實，只要認真分析盤面細節，就能發現主力的意圖。當股價上漲到前期反彈高點附近時，雖然沒有出現突破走勢，但股價沒有出現大幅回落走勢，這從邏輯來說有問題。大家不妨想一想，如果這是一個無法突破的壓力

位，那麼股價就會很快回落，不給散戶逢高出逃的機會，主力也不會將股價拉到這個位置附近。

假如這是一個真正的壓力位，奸詐的主力肯定會設下多頭陷阱，一口氣將股價衝到前期反彈高點上，讓散戶感到股價突破壓力而紛紛跟進時，股價快速回落，將散戶全數套牢在頭頂上。

藉由這樣的假設，可以輕鬆看破主力意圖，接下來的操作就順手了。而且，從成交量分析，在前期出現持續放量上漲走勢，表示有明顯的多頭資金介入，但在股價回落時明顯縮量，表明前期介入的資金沒有出逃，量價配合默契，屬於正常的回檔洗盤走勢。

主力意圖在這支股票上非常明顯，就是利用前面的壓力位，製造上方壓力重重的假象，讓散戶主動賣出籌碼，達到洗盤目的。

在實戰中分析這類個股時，應注意以下3點技術因素：

（1）股價前期充分調整，已成功見底走強，盤面強勢特徵明顯，股價累計漲幅不大，這時有可能突破上方壓力。如果在見頂後的下跌初期，或是向下突破某個重要技術位置之後，反轉確認時遇阻回落，則可能是真正的壓力位。

（2）當股價遇到前期高點壓力後，如果沒有出現明顯的下跌走勢，可能是假的壓力位。相反地，當股價抵達壓力位附近時快速回落，可能是真正的壓力位。

（3）在股價前期高點附近，成交量明顯放大，但股價始終不能突破，可能是真正的壓力位，主力在此誘多。理想的盤面形式是股價以溫和的形式，向上突破前期高點，這樣持續性會更強。

3. 借前低壓力洗盤

在股價整理過程中形成的明顯低點，通常具有較強的支撐作用。股價一旦有效擊穿這個低點的支撐，該低點將由原先的支撐作用轉為新的壓力作用，在較長一段時間裡，對股價構成反壓作用。在實戰操作中，主力經常利用前期低點的反壓作用洗盤整理，欺騙散戶拋售出場。

見下頁圖表4-10，龍力生物反彈結束後再次走低，初步站穩後形成平台整理區域。2017年4月，股價再次向下破位，出現新一輪下跌走勢。主力在

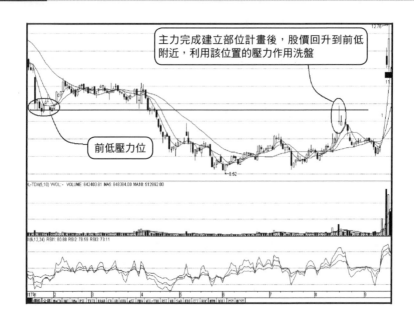

| 圖表4-10 | 龍力生物（002604）的盤面走勢圖 |

低位大舉建立部位，當建立部位計畫完成後，股價漸漸向上回升。股價反彈到前期低點附近時，主力利用前期低點位置展開洗盤調整，因為該位置已經從原先的支撐作用轉為新的壓力作用。

這時，不少散戶看到股價不能向上突破，而選擇拋售，主力如願以償達到洗盤目的。從9月13日開始，股價出現井噴式上漲。

其實，這支股票已經到達大幅下跌後的低位，股價繼續下跌的空間十分有限。當然，股價的上漲氣勢需要一定的時間來恢復和聚集。這時候往往是在考驗投資者的毅力和信心。

這是主力利用前期低點的壓力作用，展開洗盤調整走勢，目的是讓低位獲利盤和前期套牢盤出場，減輕日後對主力拉高出貨的威脅。同時，主力也藉此高賣低買，既能獲得價差利潤，又能降低持股成本。所以，股價漲不漲，有時與主力沒有任何關係。主力只要有機會就做價差，照樣可以獲利。

相反地，散戶不可能長期做價差，也不可能長期順手。投資者遇到這種

盤面時，應結合股價位置、主力成本、主力意圖及盤面現象等認真分析，盡量多看少做，以免在低位丟失籌碼。

4. 借盤區壓力洗盤

股價在長時間的震盪過程中，經常形成一個盤整區。當股價回升到盤整區時，通常會遇到較大的壓力而出現繼續下跌走勢，因此盤整區附近是一個較好的賣出位置。但在實戰中，主力經常將盤整區演變成虛假的壓力區，讓散戶產生突破無望的感覺，進而引發散戶出現賣盤。然後，主力在此大量吸納籌碼，或是進行成功的洗盤調整。

見下頁圖表4-11，西水股份的主力在前期大幅打壓過程中，在低位完成建立部位計畫後，於2017年5月2日開始站穩向上拉高，但是當股價回升到前期盤區附近時，股價停止向上拉升。

這時，主力利用前期盤區的壓力作用洗盤整理，讓散戶產生股價無法向上突破的假象，經過一段時間的震盪整理後，浮動籌碼基本上已經拋售出場。當主力完成洗盤換手後，股價於6月21日再次向上發起攻擊，從此股價出現一波主升段行情。

該股的主力手段利用前期盤區完成洗盤整理，因為這個盤整區存在一定的技術壓力，這也是投資者的共同看法。因此，當股價回升到這裡時，多數主力會耍花招欺騙散戶，製造假的技術壓力，形成股價上漲遇阻而不能有效突破的假象，誤導散戶出場，以達到做莊目的。

從該股圖表分析，可以發現以下3個明顯的技術疑點：

（1）股價前期調整時間充分，累計下跌幅度較大，說明股價繼續下跌的空間已經不大。

（2）股價遇到上方壓力後，沒有再次出現大幅下跌走勢，說明做空力道有限。

（3）股價能回升到盤整區附近，顯示下方有買盤介入，這不是散戶的零星買盤，應該有主力積極護盤，才能使股價止跌站穩。

主力利用壓力位進行整理，往往具有加碼和洗盤2層意思。主力完成啟動前的最後動作後，會等待時機進入主升段行情。這類個股投資者應密切關

圖表4-11　西水股份（600291）的盤面走勢圖

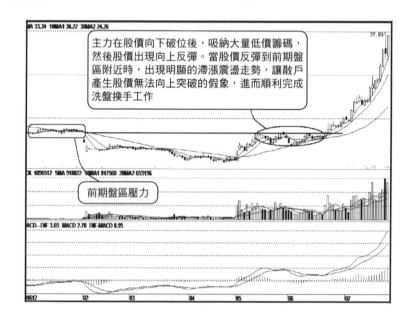

主力在股價向下破位後，吸納大量低價籌碼，然後股價出現向上反彈。當股價反彈到前期盤區附近時，出現明顯的滯漲震盪走勢，讓散戶產生股價無法向上突破的假象，進而順利完成洗盤換手工作

前期盤區壓力

注盤面變化，一旦向上突破前期盤區時，就要立即跟進。

洗盤手段 3：快速下跌

　　掌握速度節奏，可以讓主力做盤增色不少。許多優秀的操盤手，往往會結合時間與速度，達到最佳操作效果。在主力製造恐慌盤面時，更是離不開速度。快速洗盤大多出現在主升段行情中，其主要特徵如下：

　　（1）速度與時間的關係。下跌速度快，持續時間短，恐慌氣氛濃；下跌速度慢，持續時間長，恐慌氣氛淡。暴風驟雨式的下跌來得快、跌得猛，讓人難以承受，這大多是洗盤所為。慢悠悠的下跌，來得慢、跌得柔，使人容易接受，這大多是出貨所為。

　　（2）快速下跌一般伴隨較大的成交量，主力用大單出貨，將股價壓低；慢速下跌一般成交量不大，但有時主力刻意對敲放大量。

圖表4-12　華菱管線（000932）的盤面走勢圖

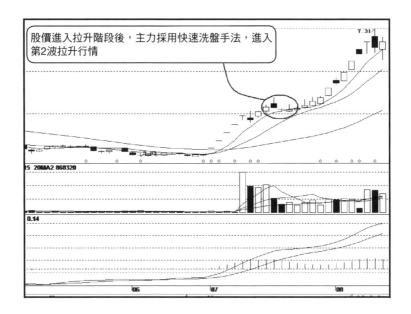

股價進入拉升階段後，主力採用快速洗盤手法，進入
第2波拉升行情

（3）在盤面上，通常開低後會快速向下滑落，呈現逐波下跌態勢，甚至直逼跌停。有時一開盤就跌停，在尾盤又放量打開封盤。這樣持續幾個交易日，給投資者帶來極度恐慌。

　　見圖表4-12，華菱管線主力在長時間的下跌過程中，吸納大量低價籌碼。2017年7月10日，股價受到利多消息影響快速上漲，市場進入主升段行情。7月20日，股價開高衝高回落，在高位收出一根帶長上影線的陰線，構成傾盆大雨K線組合形態。這個形態使投資者產生極大的恐懼，不少散戶紛紛選擇出場操作。不過，股價沒有結束上漲行情，經過短暫的洗盤換手後，再次展開新一波上漲行情。

　　在該股中，主力運用快速洗盤的方式，讓股價在洗盤之前成功脫離底部區域，盤面已成功啟動，市場處於強勢之中，做多氣氛高漲。但此時短期股價處於買超狀態，需要技術修復走勢，因此在高位收出一根滯漲陰線。

圖表4-13　方大炭素（600516）的盤面走勢圖

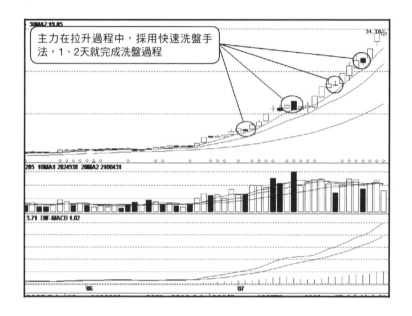

　　顯然地，這根陰線難以挫傷多頭的上漲勢頭，其下跌力道也非常弱，很快又被主力拉起。而且，股價得到10日均線的支撐，多頭排列的均線系統對股價上漲發揮助漲作用。可以想像，如果主力在此位置長時間洗盤整理，勢必會影響多頭士氣，一旦做多熱情渙散，主力就很難重整旗鼓。因此主力必須快速結束洗盤，一鼓作氣將股價拉升到位，然後在高位出貨或減少部位。

　　見圖表4-13，方大炭素的主力成功完成建立部位計畫後，股價漸漸盤出底部區域，進入加速上漲階段，上漲勢頭非常猛烈，但此時股價嚴重買超，主力不斷需要洗盤換手。

　　在2017年7月到8月的上漲行情當中，主力多次採用快速洗盤手法，打擊持股信心不足的散戶，讓他們擔心股價見頂回落，加重獲利了結的想法，而且放出較大的成交量，認為主力已在暗中出貨，使散戶產生更加強烈的拋售念頭。可是，每次洗盤結束之後，股價都再次向上創出新高，直到行情真正見頂結束。

　　該股在洗盤整理出現之前，股價形成強勁的上漲勢頭，一根大陰線難以阻擋上漲之勢，即使在高位也有所反覆，主力難以一次順利出貨籌碼，這時介入的風險反而不大。因此散戶對漲勢中突然出現的調整陰線，不應一概看跌，大多屬於快速洗盤行為。

　　從上述2個例子中可以看出，投資者在實戰操作中要多觀察、辨認，不能單憑1、2根大陰線就枉然斷定股價已經見頂。要認真分析大陰線出現的原因和即時的市場環境，觀察大陰線前一天或幾天的股價走勢情況，以及K線的排列位置，還要結合均線、趨勢線、技術形態及其他技術指標等綜合分析，才能提高操作安全性。

洗盤手段 4：慢速洗盤

　　這種洗盤方式顧名思義，其時間相對較長。股價經過小幅上漲後，陷入漫長的洗盤整理走勢，少則1、2週，長則幾個月不等，熱點漸漸退卻，幾乎被市場遺忘。在整個洗盤過程中，盤面呈現複雜多變的走勢，一下橫向整理，一下震盪起伏。有時可能構成某種技術形態，例如：三角形、箱體形、潛弧形等，成交量也時大時小，但整體呈現縮量態勢。

　　導致慢速洗盤的原因大致有3種：①大盤環境欠佳，主力等待拉升時機；②主力部位不夠，繼續收集籌碼；③散戶持股堅定，延長洗盤時間。

　　見下頁圖表4-14，中國聯通經過大幅下跌後漸漸站穩，主力在低位吸納大量低價籌碼，漸漸向上脫離底部區域。經過一波小幅上漲行情後，從2016年8月19日開始洗盤整理，股價調整時間長達1個多月，直到10月11日放量漲停才結束洗盤，從此出現一輪主升段行情。

　　在這段時間裡，盤面複雜多變，股價起伏不定，成交量明顯萎縮。一般散戶很難拿住籌碼，經過主力的一陣折騰後，搖擺籌碼相繼出場，結果落入主力的陷阱中。

　　慢速洗盤是一種折磨意志的操盤方式，使散戶產生久盤必跌的心理，進而失去持股信心，該股就是典型的例子。該股小幅拉高後，展開較長時間的調整，技術形態遭遇一定的破壞，使散戶對後市產生懷疑。

　　其實，從該股盤面也能發現一些蛛絲馬跡。首先，成交量大幅萎縮，說

圖表4-14	中國聯通（600050）的盤面走勢圖

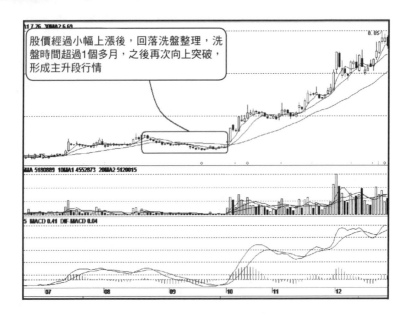

> 股價經過小幅上漲後，回落洗盤整理，洗盤時間超過1個多月，之後再次向上突破，形成主升段行情

明浮動籌碼不多。其次，股價回落到30日均線以下後，沒有出現大幅下跌走勢。再來，股價得到前期回檔低點的支撐。由此可見，這是一次洗盤貯備能量的整理走勢，而不是出貨行為。此後不久，股價出現向上突破，成功構築一個頭肩底形態後，出現新一輪拉升。

洗盤手段 5：放量洗盤

股價經過小幅上漲後，在相對高位出現滯漲或回檔走勢，成交量創出近期天量，形成主力放量出貨的假象。散戶看到成交量大幅放大，認定主力在暗中出貨，擔心股價隨後出現回落走勢，因此趁機賣出籌碼。不久，股價洗盤結束後，主力發動新一輪上漲行情，散戶因此被騙。

見圖表4-15，方大炭素的主力成功完成建立部位計畫後，股價漸漸盤出底部區域，進入加速上漲階段，當股價突破前期高點後，主力展開洗盤換手

圖表4-15　方大炭素（600516）的盤面走勢圖

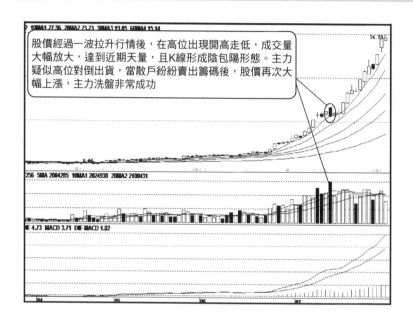

股價經過一波拉升行情後，在高位出現開高走低，成交量大幅放大，達到近期天量，且K線形成陰包陽形態。主力疑似高位對倒出貨，當散戶紛紛賣出籌碼後，股價再次大幅上漲，主力洗盤非常成功

走勢。

2017年7月13日跳空開高後，股價出現向下回落走勢，在高位收出一根大陰線，在K線組合上呈現陰包陽形態。當天成交量大幅放大，換手率達到16.85%，這個量是近一年半以來的天量，對散戶造成一定的恐懼感，不少散戶看到這個成交量後，認為這輪上漲行情結束，主力正在高位對倒放量出貨，因此賣出手中籌碼。但是，股價沒有出現持續下跌，第2天就站穩回升走勢，進入新一輪上漲行情。

這支股票展示出，主力根據「高位放量會跌」的經驗採取洗盤方式。主力對敲放出巨大的成交量，讓散戶產生主力大量出貨的錯覺。尤其是放巨量收陰線時，洗盤效果更佳。

見下頁圖表4-16，大華股份的主力在長時間的震盪整理中，順利完成建立部位計畫後，股價漸漸向上攀升，突破前期盤區高點的壓力，隨後主力展開洗盤換手走勢。

圖表4-16　大華股份（002236）的盤面走勢圖

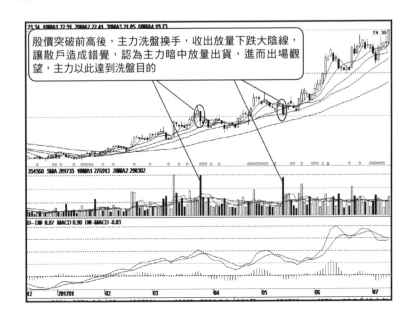

從圖中可以看出，2017年3月27日和5月12日，2次在高位收出放量大陰線，主力疑似在製造對倒放量出貨的假象。因此不少散戶出現錯覺，認為股價已經見頂，擔心後市回落套牢，於是賣出手中籌碼，主力藉此順利達到洗盤目的。此後，股價經過短暫的震盪整理，再次進入穩定的向上攀升走勢，股價累計漲幅較大。

這支股票的主力利用前期高點的壓力位，藉由對倒製造巨大的成交量，形成股價遇阻後主力放量出貨的假象，讓前期介入的散戶出場，以此達到洗盤目的。

在實戰操作中，投資者遇到這種走勢時，應分析成交量放大的性質，是出貨量、進貨量，還是故弄玄虛的對倒量？如果是對倒量，就要分析股價所處位置、運行階段和盤面細節等，判斷主力放量的意圖，避免掉進主力設下的陷阱。

洗盤手段 6：開高走低

　　這種洗盤方式是以大幅震盪為主基調，股價大幅跳高開盤，甚至以漲停板開盤，然後以對敲方式大手筆賣單殺出，股價逐波下跌，幾乎殺到跌停板附近，當天收出一根實體較長的大陰線。這時缺乏信心的散戶，仍在較低價位拋售股票，直到沒有人願意以更低價賣出為止。

　　有時候，股價下探到一定幅度後，再向上一檔一檔拉升。隨著場外資金不斷介入，股價大幅走高，甚至急速拉到漲停板價位，在日K線圖上出現T字形態，當天成交量大幅放出。採用這種方式洗盤的主力，其實力道都很強大，操盤手法極其凶猛。

　　見下頁圖表4-17，雲鋁股份的主力成功完成建立部位計畫後，股價緩緩向上走高。當股價突破前期高點後，主力用大幅開高走低的手法洗盤整理走勢，在2017年7月26日收出一根開高走低的大陰線。

　　第2天，股價繼續慣性下殺，大量恐慌盤出場，同時又有新的資金逢低介入，成功完成洗盤換手。洗盤結束後，7月31日再次向上突破，股價形成加速上漲行情。

　　從圖中可以看出，該股走勢非常穩健，量價配合很有默契，均線系統保持多頭發散，30日均線堅挺上漲，強勢特徵十分明顯。投資者遇到這種走勢時，可以在股價向上超越大陰線實體的一半以上價位時，積極買進。

　　採取這種洗盤方式的主力，是利用散戶見好就收的心理。主力透過大幅開高後，展開洗盤動作。如果賣壓不大，沒有出現賣盤，浮動籌碼得到充分交換，就能提高市場平均持股成本，日後拉升就不會遇到大的壓力。如果賣壓較大，湧出大量賣盤，表明盤內籌碼鬆動，會造成洗盤失敗的窘境，這時會延長洗盤整理時間。這種洗盤方式要恰到好處，既能讓獲利盤出場，又可以讓跟風盤介入。

　　在實戰操作中，有一種盤面現象值得注意，那就是股價經過波段下跌後站穩回升，在反彈過程中出現開高走低大陰線，之後股價再次回落在前期低點附近站穩的盤面。此時在K線圖中形成雙重底形態，這種開高走低大陰線屬於主力洗盤行為，有時也是主力階段性減少部位所造成，後市仍然看好。

　　還有一種洗盤方式也很常見，就是採用邊拉邊洗的方式，將洗盤置於拉

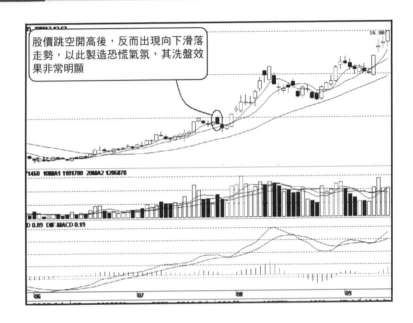

圖表4-17　雲鋁股份（000807）的盤面走勢圖

升之中，盤面節奏十分完美。主力先是連續拉高股價，然後突然停止做多，由於短線升幅過大，主力在高位賣出一小部分籌碼，使股價出現回落走勢，震出短線者及信心不堅定的浮動籌碼。

　　這種洗盤方式採用化整為零的操作策略。在日線圖上，以小陰小陽或十字星的K線形式出現，找不到明顯的洗盤圖形，有時在當日分時走勢中完成邊拉邊洗的行為。在形態上，股價每次回落的低點一個比一個高，每次拉升的高點也一個比一個高，股價的重心不斷往上移。採用這種方式洗盤的主力，力道都較強大，控籌程度也較高，多數出現在大盤看好的環境中。

　　主力藉由開高走低大陰線洗盤，目的是不想讓股價下跌，又要洗出心態不穩的跟風者。於是，刻意做出這種大陰線，以達到快速洗盤的目的。投資者發現這種大陰線後，千萬別被它矇騙而賣出股票或不敢介入。

這種大陰線透露出來的市場訊息，就是該股離上漲不遠，或者次日會止跌創出新高。因此，當次日股價上漲突破大陰線的開盤價，就可以確認大陰線是一次快速的洗盤行為，投資者可以積極介入做多。

洗盤手段 7：跌停

跌停洗盤是最恐怖也最有效的洗盤方式。這種方式有2種盤面現象：

（1）股價以正常方式開盤後，在盤中逐波下跌直奔跌停板，封盤幾分鐘後再打開，多次跌停、開板，收盤稍微向上拉動。散戶看到股價跌停，心理十分悲觀，唯恐第2天繼續跌停，於是搶先在跌停板價位掛出賣單殺出。

主力等待散戶賣單達到一定數量而不再增加時，迅速撤掉自己掛在散戶前面的賣單。幾乎在同一時間裡，又在散戶後面掛出與撤單數量相近的賣單，這樣盤面上看封盤數量沒有變化，不會引起散戶的注意。然後，主力再慢慢吃光散戶的賣單，封盤被巨大買單打開。

這時，持幣者看見打開封盤，股價開始往上拉抬，也加入買盤行列。不久，股價又向下跌停。主力反覆進行，盤中浮動籌碼得到很好的交換，進而達到洗盤目的。如果洗盤還不夠充分，第2天可能會如法炮製。

見下頁圖表4-18，天原集團反彈結束後再次步入下跌通道，主力在過程中吸納大量低價籌碼。完成建立部位計畫後，股價於2017年6月出現站穩回升走勢，當股價向上突破前期反彈高點後，主力展開洗盤整理走勢，盤面大幅震盪。8月11日，股價小幅開低後逐波下跌，當天收於跌停板位置。這時，有些散戶擔心股價繼續下跌而出場，大量恐慌盤因此得到釋放，洗盤效果非常好。當浮動籌碼充分換手後，股價出現新一輪快速上漲行情。

這是主力針對散戶看到股價跌停而產生的恐懼心理，進而採取的洗盤方式。主力藉由股價的深幅下跌，製造極度恐慌盤面，讓散戶逢高出場。持股者在實戰中遇到這種情況時，可以擇高先行出場，免得因為洗盤縮小利潤而影響操作心態，持幣者可以保持觀望，等待調整結束後逢低重新介入。

其實，從該股圖表中分析，也能看出以下4個技術疑點：

1. 沒有出現恐慌賣盤，萎縮的成交量能反映這點，表示持股心態較穩。
2. 股價破位後沒有出現持續下跌走勢，疑似主力故意打壓行為。

圖表4-18　天原集團（002386）的盤面走勢圖

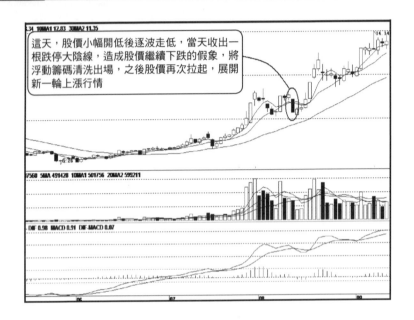

這天，股價小幅開低後逐波走低，當天收出一根跌停大陰線，造成股價繼續下跌的假象，將浮動籌碼清洗出場，之後股價再次拉起，展開新一輪上漲行情

3. 30日均線依然保持上漲狀態，對股價具有向上牽引的作用。

4. 基本面有利多消息支持。

由此可見，這是一次主力故意打壓洗盤或試盤的行為。當股價重返30日均線之上或突破前期高點時，可以大膽介入做多。

（2）股價直接從跌停板價位開盤，大部分時間處於封盤狀態，突然在盤中放出巨量，打開跌停板上的封盤量，給散戶一個退出的機會。或者，出現1、2個跌停板後，股價不再繼續封於跌停，而是打開跌停板，讓恐慌盤得到充分釋放，以此達到洗盤目的。

見圖表4-19，新疆眾和見底站穩後形成一條上升趨勢線，這條上升趨勢線對股價構成強大的支撐作用。

該股由於停止資產重組，2017年6月14日復牌後，股價出現一字跌停，第2天繼續在跌停價位開盤。隨後主力用巨量打開跌停板時，有的散戶擔心

圖表4-19　新疆眾和（600888）的盤面走勢圖

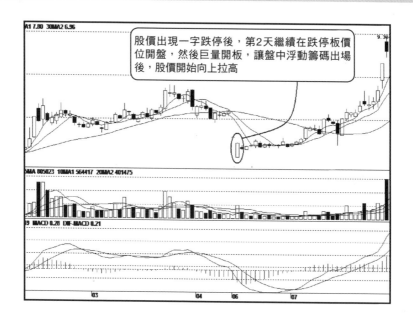

股價出現一字跌停後，第2天繼續在跌停板價位開盤，然後巨量開板，讓盤中浮動籌碼出場後，股價開始向上拉高

股價繼續下跌而出場，大量恐慌盤因此得到釋放，洗盤效果非常好。當浮動籌碼得到充分換手後，股價開始站穩震盪上漲。

在股市中，投資者最擔心的莫過於股價跌停，因為這會在心理上造成巨大的壓力和恐慌。主力摸清散戶的心理後，順水推舟製造更大的陷阱。投資者遇到這種情形時，重點關注打開跌停後的市場變化，如果出現放量不跌，表示盤中換手積極，後市股價仍有上漲的機會。當然，如果股價漲幅巨大或屬於問題股，就要另當別論，小心大幅跳水。

散戶能否暴賺，關鍵在於準確捕捉洗盤結束點並適時跟進

掌握洗盤的盤面特徵

1. 洗盤時的成交量特徵

一般來說，當主力尚未準備拉抬股價時，股價的表現通常很沉悶，成交量的變化很小。此時研究成交量沒有實際意義，難以斷定主力意圖。不過，主力一旦放量拉升股價，就會暴露行蹤，這時研究成交量的變化有非常重要的意義。如果能準確捕捉到主力的洗盤跡象，並果斷介入，往往能在較短時間內取得豐碩獲利。

實踐證明，根據以下3個成交量變化的特徵，可判斷主力是否在洗盤：

（1）由於主力積極介入，原本沉悶的股票在成交量明顯放大的推動下變得活躍，出現價升量增的態勢。然後，主力為了掃平之後大幅拉升的障礙，不得不強行洗去短線獲利盤，這個洗盤行為在線圖上表現為陰陽相間的橫盤震盪。同時，由於主力的目的是讓散戶出場，因此K線形態往往成為明顯的頭部形態。

（2）在主力洗盤階段，K線組合往往大陰不斷，並且收陰次數多，且每次都伴隨巨大成交量，好像主力正在大肆出貨。其實不然，仔細觀察會發現，出現以上巨量大陰時，股價很少跌破10日均線，因為短期均線對股價構成強大支撐。主力低位回補的跡象一目了然，這是技術人士所說的巨量長陰不跌，主力洗盤必漲。

（3）在主力洗盤時，作為研判成交量變化的主要指標均量線、OBV，也會出現一些明顯特徵，主要表現為：出現大陰巨量時，5日、10日均量線

始終保持向上運行，代表主力一直在增加部位，股票交投活躍，後市看好。另外，成交量的量化指標OBV在股價高位震盪期間，始終保持向上，即使瞬間回落，也會迅速拉起，創出近期新高，這表示單從量能的角度來看，股價已具備大幅上漲的條件。

如果一支股票經過一波上漲後，它的成交量變化出現以上特徵，表示該股主力洗盤的可能性極大，後市看好。

2. 洗盤時的分時走勢特徵

既然洗盤是為了嚇出信心不足的散戶籌碼，主力必然會製造疲弱的盤面假象，甚至是凶狠的跳水式打壓，讓人產生一切都完了的錯覺，才會在驚恐中賣出手中籌碼。有意思的是，主力往往會在關鍵的技術位護盤，這是為什麼呢？答案很簡單，主力要讓另一批看好後市的人進場，以達到墊高市場平均持股成本的目的。常見的分時盤面特徵有以下5點：

（**1**）**打壓洗盤**：先拉高之後實施反手打壓，但一般在低位停留的時間（或天數）不會太長。

（**2**）**邊拉邊洗**：在拉高過程中伴隨著回檔，震出不堅定者。

（**3**）**大幅回落**：一般發生在大盤調整時，主力會順勢而為，藉機低吸廉價籌碼。投機股經常運用這種手法，或是主力已獲利頗豐。

（**4**）**橫盤整理**：在拉升過程中突然停止做多，使缺乏耐心者出局，通常持續時間相對較長。

（**5**）**上下震盪**：這個手法較常見，也就是維繫一個波動區間，讓投資者摸不清主力的節奏。

3. 洗盤時的 K 線圖特徵

日K線組合形態變化多端，陽線、陰線經常交替產生，屢屢出現空頭陷阱，難以掌握盤中動作。按照K線組合的理論分析，在這個階段常見的K線組合包括了穿頭破腳、下跌3部曲、黑三鴉、烏雲蓋頂等看空形態。概括來說，主要有以下4種特徵：

（1）大幅震盪，陰線陽線夾雜排列，盤勢不定。

（2）常常出現帶上下影線的十字星。

（3）股價一般維持在主力持股成本的區域之上。若投資者無法判斷，可關注10日均線，非短線客則可關注30日均線。

（4）按照K線組合的理論分析，洗盤過程即整理過程，因此圖形上也都大致顯示為三角形整理、旗形整理和矩形整理等形態。

◎ 正確判斷洗盤的結束點

洗盤的根本目的是籌碼換手，提高市場平均持股成本，減輕上漲壓力。主力的洗盤行為可以反映主力的意圖，也是散戶認識主力的有效手段。

如果主力在洗盤時，有刻意打壓而敢於充分接單的現象，代表其對後市抱有較大期望，後市的升幅也較為可觀。如果主力洗盤時，不想破壞已建立的上升通道而想就此拉升，說明主力對控盤的要求不強烈，後市可能見高出貨。如果主力在洗盤時，雖然有打壓之意，但是大盤與人氣沒有配合，短線散戶沒有充分出貨，那麼後市也不會太強，經常出現波浪上升的態勢。

就短線操作來說，買點更加重要。如果太早買進會消耗時間，甚至被主力磨去耐心而賣出。如果太晚買進，股價成本就會變高，大幅減少短線獲利空間，甚至遭到套牢。所以，若能正確判斷主力洗盤的結束點，並適時跟進，無疑是成為大贏家的關鍵。下面介紹正確判斷洗盤結束點的4個方法。

1. 洗盤結束的成交量特點

洗盤的前提是先前已有大量籌碼進場，因此有一個放量上漲的過程，而且，洗盤不是賣出大量籌碼，所以不會出現很大的成交量，往往是縮量下跌。因此當股價再次出現放量上漲時，表明洗盤已經結束。

2. 洗盤的量價和主力持股特點

（1）超短線洗盤：個股短線單日走勢出現放量上漲，呈現中陽或大陽線，成交量明顯放大，最明顯的特徵是主力資金大量流入。第2天開始洗盤，股價回落，縮量明顯，最明顯的特徵是主力資金沒有大量流出，甚至有少量流入。

（2）**短線洗盤**：個股在開始幾日放量上漲，最直接的是有幾天主力資金流入明顯。當短期有一定的漲幅後，主力會開始洗盤，股價回落，成交量萎縮，呈現階梯狀下跌走勢。最重要的是，股價回落時沒有明顯的主力資金流出，甚至在縮量下跌中流入主力資金。上述超短線和短線洗盤在結構上有相似之處，一般超短線由於浮動籌碼較少，洗盤時間也相對較短，而短線洗盤由於前期有一定的漲幅，浮動籌碼較多，洗盤時間也會較長。

（3）**中長線洗盤**：股價在成交量的配合下，有過一段上漲行情，由於低位獲利盤和前期套牢盤較多，大幅拉長洗盤時間，因此會出現三角形、楔形等整理形態。

3. 洗盤結束的特點

在上述縮量時並不是最佳買點，因為主力有可能繼續縮量洗盤，前景不明朗，因此在確定洗盤結束時是最佳買點，其特點有以下3個：

（1）**當日放量**：前期縮量表明浮動籌碼在減少，當天放量應該不是浮動籌碼在賣出，極可能是主力資金流入，要開始拉升。

（2）**分時主力資金**：最直接的方式是看主力資金線，如果當日分時主力資金在大量買進，表明放量不是浮動籌碼或散戶所為，而是主力行為。

（3）**占比**：也就是主動性買進或主動性賣出所占成交量的比量，這裡的主動性買進或賣出不僅僅是特大、大單，也包含所有特大、大、中、小單，這樣就能解決主力用中小單做單的欺騙手法。

4. 常見的 3 種形式，是判斷洗盤結束的關鍵

（1）**下降通道被扭轉**：有些主力洗盤時採用小幅盤跌的方式，讓該股在大盤創新高的過程中不斷收陰，構築一條平緩的下降通道。股價在通道內慢慢下滑，某天出現一根大陽線，扭轉股價下滑的勢頭，慢慢站穩，表示洗盤已近尾聲。

見下頁圖表4-20，天齊鋰業經過長時間的下跌整理後，股價漸漸見底站穩回升。當股價上升到一定的幅度後，主力在2017年4月17日展開主動洗盤走勢，股價向下滑落，高點一個比一個矮，低點一個比一個低，形成一條下降小通道線，並且擊穿30日均線的支撐，嚴重破壞技術形態。

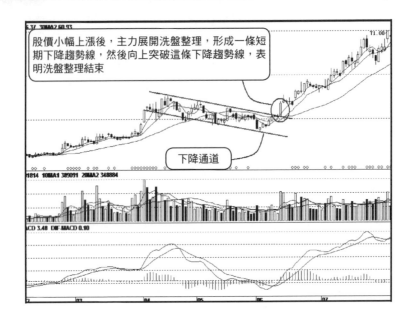

圖表4-20　天齊鋰業（002466）的盤面走勢圖

股價小幅上漲後，主力展開洗盤整理，形成一條短期下降趨勢線，然後向上突破這條下降趨勢線，表明洗盤整理結束

下降通道

　　6月13日，一根放量上漲大陽線向上突破下降通道的上軌線，成功站在30日均線上方，表明洗盤整理結束。此後，該股出現一輪盤升行情，累計漲幅巨大。

　　從圖中可以看出，這根上漲大陽線是洗盤結束的標誌。在分析這根大陽線之前，必須了解前面的洗盤動作。該股已經到達歷史底部區域，股價已漸漸站穩回升，但整體升幅不大，這時可以排除主力出貨的可能。在股價向下突破均線系統和平台整理區後，成交量不大，回檔幅度不深，說明賣壓不大，因此主力洗盤的可能性較大。

　　當大陽線向上突破均線系統時，可以確定前面股價下跌是一次洗盤動作，而這根大陽線反映洗盤調整已經結束，後市將步入上漲行情，投資者當天可以大膽介入。

　　不過，有的投資者認為，這根大陽線沒有突破前期平台整理區的高點，擔心股價繼續陷入整理或下跌走勢，不敢貿然介入。這種判斷確實有道理，

為何這天股價不直接創出新高？仔細想想，這是主力故意所為，如果這是一根滯漲大陽線，此時主力只要稍微用力，就可以輕而易舉突破前期高點，這樣豈不是能夠更好地吸引散戶進場？

因此，這是主力故意要讓散戶猜測，目的是讓最後一批散戶解套出場，以便日後更好拉升股價。在實戰操作中，激進的投資者遇到這種現象時應積極做多，穩健的投資者可以觀察第 2 天的盤面走勢，如果第 2 天股價向上創出新高時，可以大膽做多。

再看看洗盤結束後的大陽線盤面特徵：①出現在漲勢中；②股價重心向上，回檔一般不會跌破大陽線開盤價；③成交量可大可小，但不會出現爆量；④發揮空中加油作用，進一步拓展股價上升空間。這種大陽線的操作方法是繼續持股，如果大陽線開盤價被擊穿，應及時停損出場。

（2）**縮量之後再放量**：有的主力在洗盤時，將股價控制在相對狹窄的區域內反覆震盪整理，主力放任股價隨波逐流，成交量與前期相比明顯萎縮，如果某天成交量突然重新放大，表明沉睡的黑馬已開始甦醒，這時可以跟進做多。

見下頁圖表4-21，韶鋼松山成功見底後，出現溫和放量上漲走勢。當股價回升到前期成交密集區時，主力借用該壓力位展開洗盤走勢，股價出現縮量回落，一度向下擊穿30日均線的支撐，盤面造成一定的恐慌。

2017年8月25日，股價出現放量漲停，收出一根放量漲停大陽線，形成關鍵K線。從成交量來分析，出現放量上漲 —— 縮量回檔 —— 再次放量上攻，符合洗盤的基本規律，說明洗盤整理結束，也表示有新資金進場。因此，這是一個理想的買點，股價在這之後出現井噴式飆升行情。

（3）**向上脫離盤整區**：股價開始放量向上脫離洗盤盤整區，此時上漲趨勢仍保持完好，均線系統呈現多頭排列，表示洗盤整理結束。

見下頁圖表4-22，韶鋼松山反彈結束後回落，主力在底部吸納大量低價籌碼。然後，股價站穩回升到前期成交密集區附近，主力借用前高壓力位展開洗盤走勢，股價出現橫向縮量整理，讓散戶產生股價無法向上突破的假象，誘導部分散戶出場。2017年9月4日，股價放量向上突破前高壓力，然後再次形成橫向震盪整理，把大批散戶清洗出場後，股價於9月18日向上突破盤整區，表明洗盤整理結束，從此股價出現快速上漲行情。

圖表4-21　韶鋼松山（000717）的盤面走勢圖

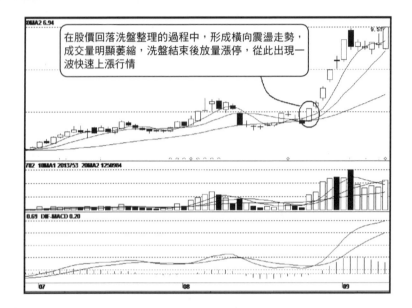

在股價回落洗盤整理的過程中，形成橫向震盪走勢，成交量明顯萎縮，洗盤結束後放量漲停，從此出現一波快速上漲行情

圖表4-22　韶鋼松山（000717）的盤面走勢圖

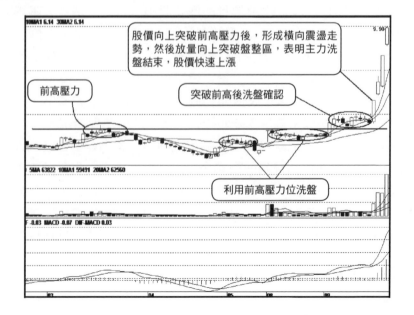

股價向上突破前高壓力後，形成橫向震盪走勢，然後放量向上突破盤整區，表明主力洗盤結束，股價快速上漲

前高壓力

突破前高後洗盤確認

利用前高壓力位洗盤

　　總之，判斷是否為主力洗盤的重點，就是前期回落的高點是否為頭部。這需要從累計漲幅、股價的相對位置及操盤經驗等方面分析、判斷。

正確區別洗盤與出貨

　　在股市中，如果能夠正確區分洗盤與出貨，就可以從容進出，自由駕馭，穩賺不賠。然而，分清洗盤和出貨是件不容易的事，很多人不僅無法正確判斷洗盤和出貨，往往還會誤判。當主力洗盤時誤以為是出貨，慌忙出逃，結果錯失大黑馬、大牛股。等到主力出貨時，又誤以為那只是主力在洗盤，在最危險時反而死抱股票，結果套牢在高位。

　　為何會這樣呢？讓我們從主力的心態分析就會明白。主力洗盤時，總是刻意製造恐怖氣氛，千方百計動搖散戶的信心，而出貨時必將以最美好的前景給人幻想的餘地。其實，主力洗盤與出貨從性質來看截然不同、從手法來看各有特點、從目的來看恰恰相反。

　　在實戰中，區分洗盤與出貨的問題極為迫切，以下介紹該如何區別：

　　（1）洗盤深度一般不會很大。因為深度過大往往會讓散戶識別後趁機搶走低價籌碼，因此一般不會下破30日均線，即使在盤中下破也會在尾盤拉起。出貨時，主力的目的是讓手中的獲利籌碼盡快賣出，不介意下破多少條均線，即使在殺跌過程中尾盤拉起，也只是力求賣個好價錢或拖延時間。從日線圖形來看，出貨往往表現為高點一個比一個低，而低點一個比一個矮，重心下移明顯。

　　（2）主力洗盤經常利用大盤波動和個股利空消息，出貨則利用市場指數大幅上漲或個股利多消息趁機出貨。當進駐股票是在投資者和整個市場一致看好的環境下，為了獲得足夠的籌碼，主力一方面進行較長期的橫盤打壓之外，也藉助外力或內部利空消息洗盤。大家試想，主力持有大量籌碼，在突發性暴跌面前怎能拔腿而逃？總結歷史走勢可以看出，每次暴跌都是逢低買進的良機，而不是賣股的時候。

　　（3）洗盤的位置一般處於第一上升段之後，有時也會在較低的位置，漲幅通常在30%以內。出貨一般出現在第5浪上升之後的高位區，通常大於

50%，甚至在100%以上。因此，區分是洗盤還是出貨，要看股價處於高檔區域還是階段性低位，投資者可以計算目前價位是否有主力獲利的空間。如果獲利很薄，苦心經營已久，怎麼會輕易放棄？如果目前價位獲利較豐厚，則應提高警覺。

（4）洗盤是為了嚇出跟風盤，因此主力在洗盤時往往假戲真做。假出貨、真回購，把圖形做得越難看越容易達到目的的，這在圖形上經常表現為大陰線。出貨則是為了盡快賣出籌碼，經常真戲假做，時不時把出貨的企圖用1、2根陽線掩蓋。從趨勢來看，出貨往往表現為高點一個比一個低，重心下移明顯，而洗盤最終目的是向上突破。

（5）觀察主力的洗盤次數。如果主力在吸足籌碼之後的第1次洗盤，投資者不妨繼續持股。如果經過幾次洗盤之後再次出現回落，而且累積升幅已相當可觀時，要隨時警惕主力出貨。

（6）股價形態上連續出現多個上升缺口，高位的回落也伴隨著缺口的出現，而且短期內不予回補（3天之內不回補），說明主力出貨堅決，這時應立即出場觀望。

（7）洗盤時股價快速回落，經常擊穿一些重要支撐點位，但又迅速拉回，不有效擊穿，表示主力不希望股價進一步走低，而是營造短期的空頭氣氛，將盤中浮動籌碼震盪出場。在高位形成明顯的頭部形態，要求形態要大一些，判斷的結果才會更加準確。

（8）均線發散趨勢。洗盤時均線仍然向上呈現多頭排列，但上攻的斜率不是很陡峭，而且喇叭口剛剛發散。出貨時均線多頭排列已被破壞或開始向下，股價重心開始小幅下移。

（9）分析盤面下跌氣勢強弱。當股價突破一個重要的技術支撐位時，股價快速脫離該位置，說明做空氣勢強盛，大多是見頂後的下跌走勢。如果股價向下突破一個技術支撐位，但仍然圍繞突破位置徘徊，表示這是假突破走勢，是洗盤而非出貨。

見圖表4-23，五糧液的實力主力介入後，在低位吸納大量低價籌碼，股價出現逐波上漲走勢，在上漲過程中不斷出現洗盤整理。

2017年9月和12月下旬，股價向下擊穿30日均線的支撐，大有形成頭部之勢。不少散戶紛紛退出觀望，以規避股價下跌的風險。不過，隨後的走勢

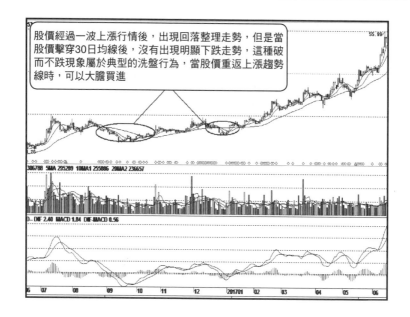

圖表4-23　五糧液（000858）的盤面走勢圖

> 股價經過一波上漲行情後，出現回落整理走勢，但是當股價擊穿30日均線後，沒有出現明顯下跌走勢，這種破而不跌現象屬於典型的洗盤行為，當股價重返上漲趨勢線時，可以大膽買進

出乎意料，在均線下方縮量整理一段時間後，股價繼續穩步向上走高，至今運行在上升通道中。

該股明顯是該跌不跌的類型，照理來說，股價跌破均線系統後，會出現一波跌勢行情，但股價仍然圍繞均線盤整，而且成交量大幅萎縮，代表做空氣勢不盛，為主力故弄玄虛。這種破而不跌是典型的洗盤整理行為，絕不是主力出貨走勢。因此股價再次走強時，投資者應積極介入做多。

（10）結合股市多年的運行規律，可以用以下4種特徵來研判和識別：

第一，**價格變動**。洗盤是為了恐嚇市場中的浮動籌碼，所以它的股價跌勢較凶狠，用快速、連續下跌和跌破重要支撐線等方法達到洗盤目的。變盤是為了清倉出貨，所以走勢特徵較溫和，以緩慢的下跌速率麻痺投資者的警覺，使投資者在溫水煮青蛙的跌勢中，不知不覺陷入深套。

第二，**成交量**。洗盤的成交量特徵是縮量，隨著股價破位下跌，成交量持續不斷萎縮，常常能創出階段性地量或極小量。變盤時成交量的特徵則完

全不同，變盤在股價出現滯漲現象時成交量較大，而且在股價轉入下跌走勢後，成交量依然不見明顯縮小。

第三，**持續時間**。上漲途中的洗盤持續時間不長，一般5至12個交易日就結束，因為時間過長往往會被投資者識破，並且趁機大量建立部位。當變盤時，會表現出不冷不熱的震盪整理走勢，或是緩慢下跌走勢。

第四，**成交密集區**。洗盤和變盤經常與成交量密集區有一定的關係，當股價從底部區域啟動不久，距離低位成交量密集區不遠的位置，這時出現洗盤的機率較大。如果股價逼近上檔套牢籌碼的成交密集區時遇到壓力，那麼此時出現變盤的機率較大。

（11）洗盤時，股價的回落呈現無量空跌走勢，在重要的技術支撐點位縮量盤穩，「縮量跌」是洗盤的主要特徵之一。對於持股巨大的主力來說，不會用大量籌碼來洗盤，因為沒有意義。主力只會拿部分籌碼來均衡市場。當盤中浮動籌碼越來越少時，成交量呈現遞減趨勢，最終形成突破並伴隨成交量驟然放大，表明洗盤過程已基本結束，即將展開新一輪攻勢。

股價經常在頭部形成放量滯漲或無量空漲的現象，成交量比洗盤時密集，但出貨後期成交量不一定迅速放大，呈現下跌狀態，表明主力出貨完畢，股價由散戶支撐，必然繼續下跌。

總之，面對主力各種形式的洗盤方法及出貨方式，投資者應嚴格區分和辨別。如果能正確識別主力正在洗盤，那麼上下打壓時，就是逢低買進或逢高賣出的時機。如果主力在高位出貨，或是遇到重大利空出貨，由於其所持籌碼數量巨大，投資者的賣出時機要比主力更快，常會使股價形成巨幅波動、多次反彈，產生較多短線機會，投資者可以掌握更多機會。雖然投資者害怕被主力套牢，但是主力更怕被廣大投資者捨棄。

第 5 章

「反彈」出現時，
如何搶回被主力
吸走的錢？

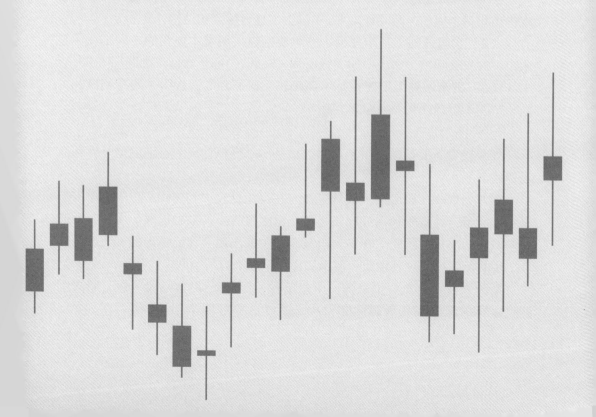

(5-1) 主力出貨過程中會出現反彈，各階段的特徵與因應都不同

在股市中，上漲的方式有很多。針對不同的上漲，要採取不同的操作方法，才能更好地立足於股市。研究反彈行情就是這個問題的解決之道，反彈行情是暫時的，上漲之後還要回到前期低點，甚至創出新低，而反轉行情是持續、穩定的，在上升過程中不斷創出一個又一個高點。以下帶你簡單認識趨勢的級別：

（1）**基本運動**：市場的主要運動形式，是股價運行的大趨勢，分為基本牛市和基本熊市，時間通常在1年以上，具有穩定和持續性。

（2）**次級運動**：基本運動中的重要回檔，與基本運動的方向相反，是牛市中的次級回檔，熊市中的次級反彈，時間在3週至數個月之間。

（3）**日常波動**：出現在基本運動和次級運動的過程中，沒有明確的方向，時間不超過10天，通常在1週內。

如果投資者能夠準確辨別趨勢的級別，那麼抓住反彈行情就是一件輕而易舉的事。

對主力來說，將股價大幅炒高後，在高位兌現獲利籌碼是重中之重。但是，按照預定計畫順利完成出貨是件非常困難的事，主力很難一次在某個價位區域成功出貨。因此，在主力出貨過程中會出現多次反彈走勢，而各個階段出現的反彈行情，其性質、特徵和操作策略都有所不同。

反彈大致可分為高位反彈、中位反彈、低位反彈3個階段，以下將詳細解說這3個階段的特徵與實例。

💲 階段 1：高位反彈

　　主力在高位不斷出貨，導致股價回落，但是高處不勝寒，散戶的恐高心理加重，進場意願開始謹慎，使主力很難全身而退。因此，主力藉助某技術支撐展開反彈走勢，進而繼續維持高位出貨。

　　這是主力出貨的重大手段，由於此時市場炒作熱情沒有完全消退，加上主力運用某些技術支持來糊弄散戶，讓散戶輕易受騙上當。高位反彈是頭部的組成部分，當主力籌碼出貨所剩無幾後，股價開始大幅下跌或中期調整。

　　高位反彈通常具有以下4個特徵：

　　（1）高位反彈的前提條件是主力沒有順利出場，屬於護盤行為。

　　（2）成交量普遍較大，但比起前期上漲時已萎縮很多。

　　（3）股價明顯受制於前高壓力，有時強勁反彈也會瞬間衝破高點。

　　（4）散戶顯而易見的技術支持，例如：均線、趨勢線、下軌線、前期高點或低點、百分比及形態、浪形等。從這點來說，股價依然有強勢的一面，圖形沒有完全走壞，因此容易欺騙散戶。

　　見下頁圖表5-1，GQ視訊的主力拉高股價後，在高位悄悄出貨獲利籌碼，股價出現滯漲回落。當股價回落到30日均線附近時，主力藉助該位置的支撐作用出現短暫停頓，形成一個多頭上攻的陷阱，2016年9月6日一根上漲大陽線宛如利劍出鞘，形成強大的上攻之勢。

　　此時，有的散戶以為股價展開新一輪上漲行情，紛紛跟風介入。但是，隨後股價在高位出現盤整走勢，不久出現向下破位形態，股價進入中期調整，將散戶套牢在高位。

　　見下頁圖表5-2，上海新陽的主力在出貨過程中，利用前期高點和低點的支撐作用，欺騙散戶誘多出貨。在股價第1次回落到前期高點附近時（又是30日均線附近），主力出手護盤，將股價向上拉起，引誘技術派人士進場。然後在高位繼續出貨，同時也形成一個明顯的低點，為下次回落形成新的支撐點。

　　當股價到達前高附近時受阻回落後，又回落到前期高點和低點位置，此時主力用同樣的手法護盤出貨，使股價在高位出現震盪走勢，為高位出貨營

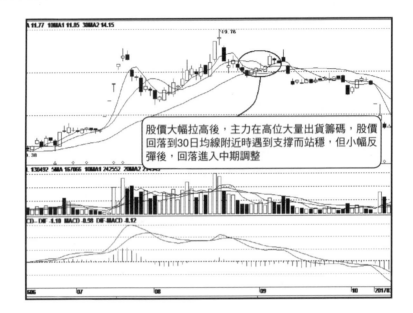

股價大幅拉高後，主力在高位大量出貨籌碼，股價回落到30日均線附近時遇到支撐而站穩，但小幅反彈後，回落進入中期調整

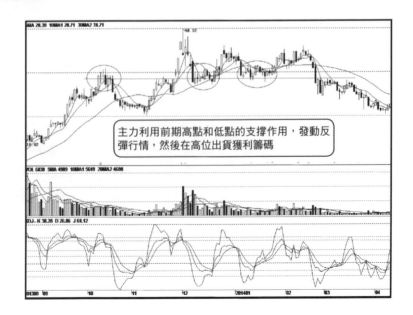

主力利用前期高點和低點的支撐作用，發動反彈行情，然後在高位出貨獲利籌碼

造一個良好的市場環境。此後，當主力籌碼出貨接近尾聲時，便放棄護盤動作，使股價向下突破。

💲 階段 2：中位反彈

在股市中，如果遇到某種突發消息，或是資金介入較深、大盤走勢極端、操盤手法不謹慎，主力往往難以順利脫身。然而，散戶遇到風吹草動時，由於資金小，可以快速溜之大吉，主力卻只能等待時機成熟才出場。

因此，股價下跌到中途時，經常出現一次或多次反彈行情。這種行情結束後，股價大多還會下跌一截，再創下跌新低，因此屬於反彈自救行為。

中位反彈具有以下5個特徵：

（1）股價距離頭部高點有一定的幅度，下跌趨勢已經形成，屬於自救行為。

（2）成交量較活躍，主力對倒動作明顯，有時會出現縮量反彈。

（3）股價距離均線較遠，乖離率（BIAS）偏大，根據葛蘭碧八大法則，股價有回歸平均線附近的要求。

（4）當股價遇到上方的技術壓力時，容易產生放大效果，主動性賣盤加大。

（5）股價短期賣超嚴重，具有買超賣超功能的指標出現低位鈍化，例如：KDJ、RSI、W%R（威廉指標）等指標出現低位徘徊。

見下頁圖表5-3，永盛股份上市後連拉17個一字漲停，開板後經過短暫整理，主力繼續拉高出貨，股價緩緩下跌進入中期調整，30日均線轉頭向下，對股價構成反壓。

2016年12月22日，股價放量反彈，當日漲停收盤，但股價受到30日均線反壓非常明顯。次日股價開平走低，接近跌停收盤，K線形成陰包陽形態，代表主力利用反彈機會不斷出貨，此後股價漸漸向下走弱。從圖中可以看出，該股完全符合中位反彈特徵，投資者可以結合實例分析。

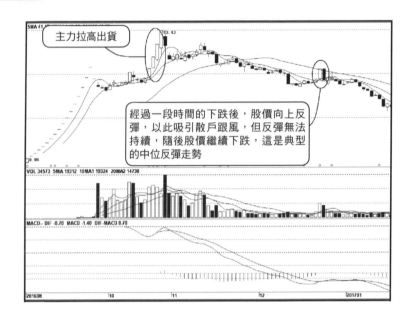

主力拉高出貨

經過一段時間的下跌後，股價向上反
彈，以此吸引散戶跟風，但反彈無法
持續，隨後股價繼續下跌，這是典型
的中位反彈走勢

🔍 階段3：低位反彈

　　股價經過大幅下跌後，做空能量得到較好的釋放，此時一些補倉資金或部分抄底資金介入，推動股價出現反彈行情。這種行情出現在大幅下跌後期，市場熊市思維依然占據上風，股價反彈結束後大多還會再創新低，但下跌幅度和空間已經不大，或是股價回落到反彈的起點後形成盤整。從中長線來看，低位反彈屬於底部組成部分，或稱作築底走勢。

　　低位反彈具有以下5個特徵：

　　（1）股價調整時間長，累計下跌幅度大，已經到達大底部區域。

　　（2）成交量非常不規則，有時無量反彈，有時則對敲放巨量。

　　（3）均線下降趨勢放緩，做空勢頭減弱。

　　（4）部分散戶蠢蠢欲動，抄底念頭有所增強。

　　（5）短期技術指標出現背離現象，例如：有背離功能的KDJ、RSI、

圖表5-4 昊志機電（300503）的盤面走勢圖

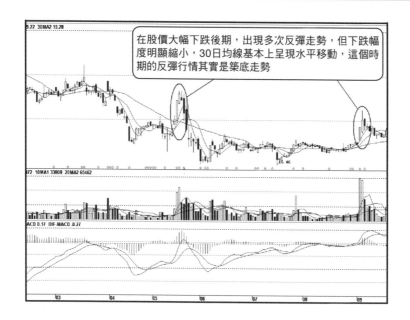

在股價大幅下跌後期，出現多次反彈走勢，但下跌幅度明顯縮小，30日均線基本上呈現水平移動，這個時期的反彈行情其實是築底走勢

W%R等技術指標出現底背離形態。

　　見圖表5-4，昊志機電見頂後進入中期調整，調整時間較長，下跌幅度較大，基本已到達底部區域，但底部不代表股價一定會上漲，因此這個時期會出現多次反彈現象。

　　從2017年5月和9月的2次反彈行情中可以看出，由於這個時期主力沒有拉升意願，市場往往人心渙散，做多氣氛未能聚集，反彈結束後股價重新回到原點。而且，成交量非常不規則，經常出現脈衝放量現象，30日均線漸漸走平。投資者意識到這種盤面後，可以抓住機會逢高退出，或進行高賣低買波段操作。

(5-2) 關注反彈的 9 個手段：異常陽線、衝高回落、突破壓力……

⊚⑤ 反彈手段 1：持續拉高誘多

1. 持續拉高

在股價站穩後的反彈過程中，主力為了繼續出貨或減少部位，經常採用持續拉高的動作抬高股價，吸引散戶進場接單。這種走勢的盤面特徵如下：

（1）股價出現連續上漲，中間很少有深幅回檔，但每天的漲幅不大。

（2）日K線往往帶有長上下影線，分時走勢中的震盪較大。

（3）在上漲過程中，經常伴隨較大的成交量，對倒行為明顯。

（4）反彈時，盤面非常活躍，很少出現連續漲停現象。有時拉出1、2個漲停後，在高位持續放量推高，場面非常劇烈。

（5）乖離率持續增大，短期技術指標出現買超。

見圖表5-5，富煌鋼構經過一段時間的下跌調整後，2017年8月10日開始出現一波力道較大的反彈行情，成交量大幅放大，先拉出3個漲停板，然後開板繼續拉高股價，形成一股勢不可擋的場面。

經過小幅回落後，展開第2波持續拉高動作，盤中震盪幅度較大，且伴隨較大的成交量，主力對倒出貨跡象十分明顯。反彈結束後股價陷入盤跌走勢，幾乎回到前期低點附近。

見圖表5-6，飛凱材料站穩後，從2017年2月16日開始出現一波持續拉高行情，雖然每天的漲幅都不是很大，但基本上能夠呈現放量上漲態勢，中途沒有出現明顯的回檔走勢，也沒有直接封於漲停的現象，大多是帶有長上下

圖表5-5　富煌鋼構（002743）的盤面走勢圖

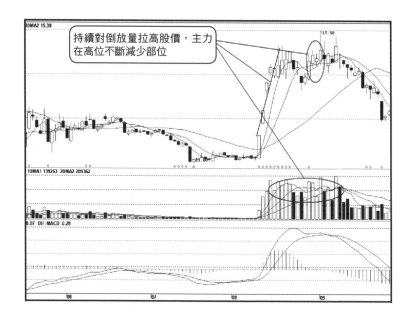

持續對倒放量拉高股價，主力
在高位不斷減少部位

圖表5-6　飛凱材料（300398）的盤面走勢圖

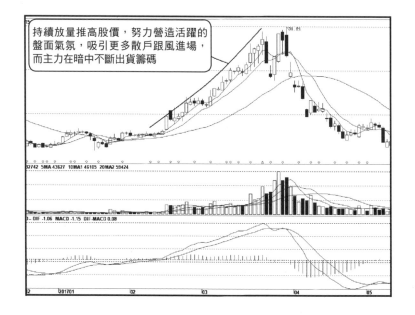

持續放量推高股價，努力營造活躍的
盤面氣氛，吸引更多散戶跟風進場，
而主力在暗中不斷出貨籌碼

影線的K線。

這種走勢是典型的反彈表現，主力採用持續拉高股價的手法，吸引散戶參與，它的主力意圖與上一個例子相同。

那麼，這種盤面的主力意圖在哪裡？主力在大幅震盪中，持續放量拉高股價，讓散戶產生主力實力強大、股價上漲空間巨大的假象，以此誘導散戶追高買進。這時有的散戶開始浮躁，認為股價馬上會漲，擔心自己買不到股票，因此不惜追高買進。主力在震盪過程中不斷出貨籌碼，當無人追高時，意味著反彈行情即將結束，而且這種走勢一旦開始回檔，短期內股價很難再次突破反彈高點。

有的散戶不禁好奇，主力為何不直接以漲停的方式拉高股價？原因是採用這種方式做盤的主力十分謹慎，如果直接拉漲停，萬一散戶在高點撤退，主力就不好撤離，導致事與願違。主力採用這種手法的好處是可以見風使舵，根據市場跟風狀況來決定上漲高度，具有很強的靈活性。

散戶判斷這類個股的方法，主要是從量價匹配上分析、研判。大多數反彈行情的量價關係都有失衡現象，一種是無量反彈，屬於虛漲聲勢，另一種是放巨量反彈，而股價漲幅不明顯。

從該股盤面觀察，屬於第2種反彈性質，成交量明顯放大，而股價只是小幅上漲，盤面走勢十分可疑，不符合正常行情啟動的特徵。這類個股一旦滯漲回落，就是一個階段性頭部，短期很少出現第2次上攻機會，可以根據0.382的黃金分割線判斷。當股價回落到該位置時，確立階段性頭部，隨後如果因為0.382黃金分割線的支撐作用而出現反彈時，應堅決賣出。

2. 連續多陽

在股市中，喜紅厭綠或許是多數人的條件反射。有時候主力也會利用這種現象操盤，在反彈過程中連續收出多根陽線，有時也是開低走高的假陽線，在K線圖中呈現一片緋紅，煞是漂亮。

很多散戶看到紅盤報收，心裡很舒服，因此輕忽分析盤面。這對主力來說，能夠發揮吸引外盤、穩定內盤的作用，以便達成意圖。這種現象大多出現在跌勢中，或是後期的反彈行情中，很少出現在跌勢初期的反彈行情中。

這種走勢的盤面特徵與持續拉高走勢相似，不同之處是盤中連續收出陽

圖表5-7	丹東科技（600844）的盤面走勢圖

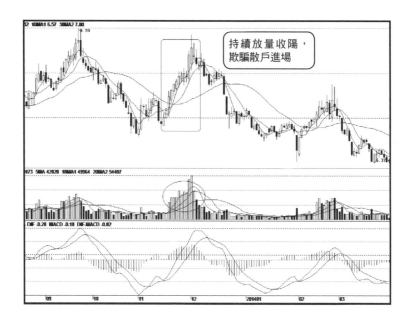

持續放量收陽，
欺騙散戶進場

線，包括開低走高假陽線，或是多根陽線組合。每天的漲跌幅度都不大，整體漲幅大多比持續拉高的方式小。

見圖表5-7，丹東科技見頂後逐波走低，主力在每一次反彈中實施減少部位計畫，一路向下滾動操作，不斷壓低股價。不久後，股價遇到前期低點支撐，而形成一波反彈行情，在反彈過程中連續收出13根陽線，盤面一片火紅。這種盤面現象絕非偶然，而是主力故意以紅盤報收，吸引散戶參與，並且在暗中減少部位操作。直到最後無人參與時，股價出現新的調整，散戶就輕易被套牢。

從圖中可以看出，主力故意做盤的跡象明顯。無論當天是漲是跌，都以紅盤報收，讓散戶有安全感。有的散戶認為K線收陽線，沒有什麼大問題，即使是開低走高的假陽線，仍然認為主力有做多意願，因此放鬆警覺，結果股價在不知不覺中下跌才恍然大悟，但此時已經套牢，難以割捨決斷。

在實戰中，投資者要多留意連續收出的紅盤，因為這很可能是陷阱。當

圖表5-8　匯通能源（600605）的盤面走勢圖

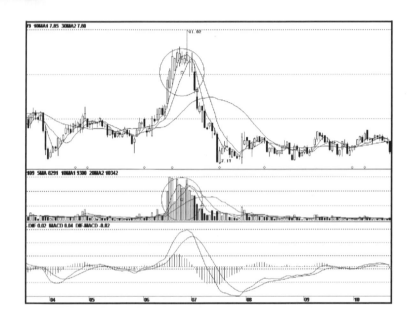

股價收出下跌陰線時，是一個階段性頭部，應果斷出場。這類個股經常出現在下跌後期或低迷市場中，投資者不妨多加驗證，感觸必定很多。

　　見圖表5-8，匯通能源經過大幅調整後，在底部形成站穩震盪走勢，然後出現向上反彈走勢。在反彈過程中連續收出多根陽線，成交量明顯放大，紅通通的盤面吸引不少散戶舉目凝神。如果有人被騙進場，主力的詭計就會輕易得逞。

　　從盤面分析來看，這是一種典型的反彈走勢。主力故意做盤的跡象明顯，以連續報收紅盤吸引散戶，這是反彈的疑點1。疑點2則可以從成交量看出端倪，在一般情況下，股價放量上漲是好事，但這支股票出現明顯的量價失衡現象，成交量持續大幅放大，而股價只是小幅上漲，這反映了主力的對倒行為。

　　接著講述疑點3，6月28日、29日和7月2日這3天的走勢非常詭異，第1天股價先是大幅衝高，突破前幾個交易日的整理走勢，盤面走勢十分強勁，有

一波加速上漲行情之勢。此時有不少散戶跟進，隨後股價漸漸向下回落，當天收出一根帶長上影線的K線。

第2天，股價大幅向下打壓，但盤中很快拉起，當天仍然報收紅盤，收出一根帶長下影線的陽線，此時持股心理還算穩定。第3天再次大幅衝高回落，報收長上影線陽線。這3天的盤面走勢，充分說明主力在震盪中出貨，從第4天開始股價真的下跌了。

👁💲 反彈手段 2：異常陽線誘多

在股價下跌過程中，主力為了出貨或減少部位，經常拉出一些不合乎常規的陽線，以吸引散戶進場接單。這種走勢的盤面特徵如下：

（1）在盤面出現陽線之前毫無徵兆，猶如平地起驚雷。

（2）大多以大陽線的形式出現，陽線實體較長，有時直接開漲停並封盤，當日漲幅較大。

（3）在形成陽線的過程中，多數伴隨較大的成交量，對倒行為明顯。

（4）持續時間較短，1、2天就結束，很快回落到原位或更低。

這類陽線大多出現在以下5種情況：

（1）當股價遠離均線系統時出現的反彈大陽線。

（2）大幅跳空開低形成的開低走高大陽線。

（3）伴隨異常放大或縮小的成交量而形成的大陽線。

（4）受到利多消息刺激形成的大陽線（非實質性利多消息）。

（5）受到大盤或類股聯動出現的大陽線。

在以上5種情況下出現的大陽線，都屬於異常波動，背後大多暗藏主力設置的陷阱。投資者宜逢高退出觀望，等待站穩後重新介入。

見下頁圖表5-9，永安藥業見頂後不斷向下走跌，2018年3月23日股價再次跌破前期低點支撐，預示股價將繼續出現下跌走勢。但是，第2天收出一根止跌小陽線，第3天一根放量漲停大陽線拔地而起，突破5日、10日和30日均線的壓制，盤面似乎形成不破不立的見底回升漲勢。

圖表5-9　永安藥業（002365）的盤面走勢圖

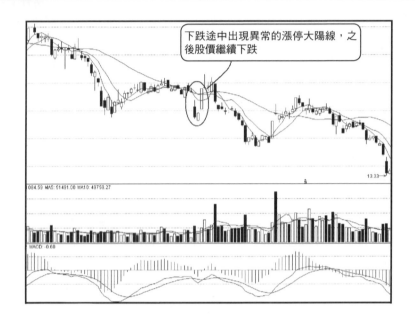

這時散戶的看多意識明顯增強，有的散戶介入做多，但是股價沒有站穩轉強。經過幾個交易日的盤整後，股價又出現一波快速殺跌行情，追漲買進的散戶全部套牢。

那麼，如何看待這根大陽線？其實，這是一根超跌後形成的異常陽線，後市不宜樂觀，原因有以下4個：

（1）30日均線依然我行我素地下跌，說明市場處於弱勢狀態中。

（2）股價受到前期盤區的壓力較大，很難成功脫離該區域。

（3）成交量不能持續放大，前無依後無靠的量柱不可靠。

（4）第2天股價開低走低，表示做多意願不強，也反映股價上漲得不到市場的認可。

由此可見，這是一根異常反彈陽線，無論從哪個角度來看，都不是一根持續上漲陽線。投資者應逢高退出，等待站穩後才重新介入，可以降低持股

圖表5-10	正源股份（600321）的盤面走勢圖

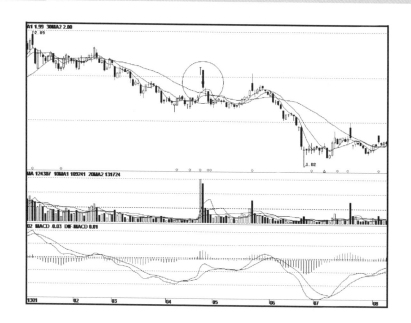

成本。

見圖表5-10，正源股份股價見頂回落後，形成長時間的震盪走勢，經過反彈後再次下跌。突然，股價從漲停板價位開盤，然後打開漲停板形成震盪，最後重新封於漲停。

那麼，這天的盤面有什麼技術含義？從這天漲停的前後情況來看，似乎來得特別突然，沒有任何上漲的徵兆，漲停為天外飛來之物，因此不能持續上漲。

這支股票漲停後為何不能延續上漲行情？主要原因在於：

（1）股價處於下跌狀態中，30日均線不斷下跌。

（2）上方有一個成交密集區，不可能一次成功跨越。

（3）成交量突然放大又突然縮小，應引起懷疑。

（4）在漲停的第2天不但沒有衝高動作，反而出現開低走低的大陰線，讓人感到前一天股價上漲的虛假。因此，這天股價上漲不可靠，是反彈行情

的異常陽線，應逢高退出觀望。

在這類個股中，確實是主力在欺騙你，因為這樣的大陽線漲幅非常誘人，有不少散戶認為股價站穩上漲，因此紛紛介入，不料被套牢其中。那麼，散戶該如何避開這樣的陷阱？簡單而有效的方法是，分析它有沒有充分的上漲理由。如果從多個角度去論證，都沒有上漲的理由，那麼股價就不會漲得很高，散戶也就不會在此買進。

⑤ 反彈手段 3：開高走低誘多

在反彈行情的尾端經常出現大幅跳空開高現象，然後股價出現快速回落或震盪下滑，最終在最低點或次低點收盤，幾乎全部套牢當天介入的散戶。當天的實際跌幅不是很大，因此能穩住原先的持股者，這樣主力就可以順利出貨。

這種情況除了受到消息面影響之外，就是主力為了達到某種目的而故意跳空開高。通常出現在反彈階段中的開高走低現象，大多是主力出貨或減少部位所為。這種走勢的盤面特徵如下：

（1）當天開高幅度大於5%，有時以漲停價格開盤。

（2）K線大多不帶有上影線，僅少數個股出現快速衝高回落的動作。

（3）開高走低的大陰線實體大於3%時，才具有分析意義。

在實戰操作中，股價出現一波較大的反彈行情。特別是連續拉出幾根陽線後，收出開高走低的大陰線。這屬於主力減少部位的出貨行為，意味著反彈結束，後市股價看跌。在當天的走勢中成交量越大，說明主力出貨行為越明顯。股價連續拉出數根陽線之後，出現開高走低大陰線，如果當天成交量異常放大，則主力出貨更加明顯，出現這個形態後應堅決迴避。

見圖表5-11，康盛股份上市以來逐波下跌，調整時間非常充分，之後站穩出現一波反彈走勢。當股價反彈到前期高點附近時，主力萌生退意。不久，股價從漲停板價位開盤，一路緩緩走低，當天以下跌1%收盤，形成一根大幅開高走低的大陰線，而且當天放出巨大成交量，表示主力利用開高後

圖表5-11　康盛股份（002418）的盤面走勢圖

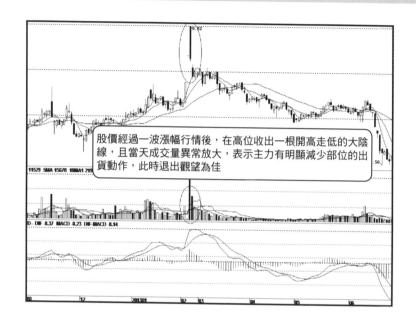

股價經過一波漲幅行情後，在高位收出一根開高走低的大陰線，且當天成交量異常放大，表示主力有明顯減少部位的出貨動作，此時退出觀望為佳

放量對倒出貨，隨後股價出現回落震盪走勢。

那麼，開高走低的主力意圖是什麼呢？

主力動用少量資金大幅跳空開高，首先給人股價強勢上漲的感覺，形成巨大的誘惑，然後股價慢慢回落。這時有的散戶認為股價從高位下跌這麼大，有價差可做，於是介入做多。如此一來股價一路下跌，散戶一路買進，主力一路出貨。最後主力的籌碼所剩不多，散戶在高位被套。因此，投資者遇到這類個股時，短期不要介入，否則難以忍受震盪之苦。

實戰操作中，經常在股價漲停之後的第2天，出現大幅開高走低的大陰線，當天伴隨巨大成交量。這種形態大部分屬於短線主力出貨或回檔行為，後市股價看跌，投資者絕對不可以介入。

見下頁圖表5-12，首鋼股份經過大幅下跌後站穩反彈，在反彈高點收出一字形漲停，次日從漲停板價位開盤後，股價緩緩向下走低。雖然當天仍有2%漲幅，卻在高位收出一根大陰線。

圖表5-12　首鋼股份（000959）的盤面走勢圖

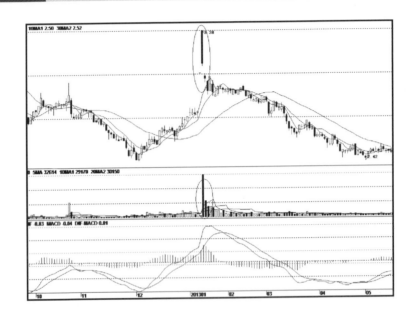

　　這根大陰線如同扣在你頭上的鐵鍋，令你難見天日，隨時有下跌的可能，重創多頭的上漲氣勢，陰線的次日股價跳空開低走低，收出一根下跌陰線，形成一個頭部島形頂形態，隨後股價漸行漸弱，創出調整新低。因此，投資者遇到這類個股時，應在開高走低大陰線的當天退出觀望。

👁️⑤ 反彈手段 4：衝高回落誘多

　　在反彈行情中，常見的手法是衝高回落走勢。這種手法與開高走低相似，主力快速將股價大幅拉高，大多出現在開盤後的半小時內，之後股價漸漸向下震盪走低。

　　主力在震盪回落過程中不斷出貨，在日線圖上呈現一根帶長上影線的K線，形成流星線形態。這種走勢的盤面特徵如下：

　　（1）短小的K線實體部分必須處於市場的最上端。

圖表5-13　圓通速遞（600233）的盤面走勢圖

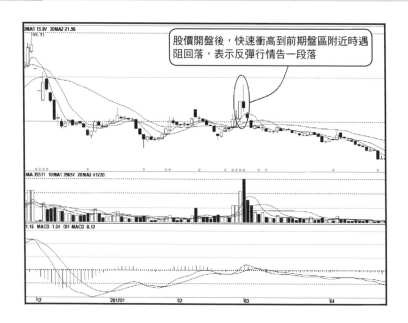

股價開盤後，快速衝高到前期盤區附近時遇阻回落，表示反彈行情告一段落

（2）K線的實體部分可以是陰線或陽線，其意義基本相同。

（3）K線的實體部分較短、上影線很長，而下影線很短或沒有。

（4）上影線的長度應至少為K線實體長度的2倍以上，才有技術意義。

　　見圖表5-13，圓通速遞股價見頂後快速下跌，然後站穩盤整，2017年2月28日出現反彈，股價拉至漲停，主力在反彈過程中減少部位。

　　第2天，股價開盤後大幅拉高，當股價上漲到前期盤區附近時，遇到強大賣壓而回落，當日收出一根長上影線陰線。這根K線意味著反彈行情結束，次日開低走低，此後股價進入下跌走勢。

　　投資者若仔細觀察該股盤面走勢，可以看出3個技術疑問：

　　（1）當股價回檔到30日均線附近時，無法有效站穩。通常，洗盤整理的最大限度在30日均線附近，如果30日均線失去支撐，代表不是洗盤，而是下跌走勢。

（2）在長上影線陰線之後，成交量快速大幅萎縮。這種現象如果是真正的回檔洗盤，就是良好的盤面態勢。但問題在於，股價下探到30日均線附近時，不能出現放量站穩走勢，這更加讓人對後市產生懷疑。

（3）當股價上漲遇到前期成交密集區時，這個區域對股價上漲構成重大的壓力。

從這些盤面跡象可以看出，當天股價在上衝過程中，主力出貨大量籌碼，否則股價不可能出現如此大的回落幅度。在實戰操作中，投資者遇到類似的個股時要明白，只有在上檔賣盤賣壓沉重的情況下，才會收出長長的上影線。在這種現象之後，股價出現回落整理甚至是下跌的可能性相當大，此時投資者應防範股價短期面臨回落所帶來的風險。

因此，在階段性高點出現衝高回落時，要研究主力是出貨還是試盤或洗盤，股價上漲是否遇到重要壓力區，進而分析上影線是在上攻時遇到壓力無功而返所致，還是主力刻意將圖形製作成流星形頭部形態。若是前者，後市下跌機率較大，若是後者，則是主力虛晃一招，後市將迎來新的上漲行情，投資者不必為此恐慌。

在股價上漲途中，如果出現長上影線陽線，只要股價在第2天能夠繼續走強，後市股價將繼續向上運行。這時持股者可以繼續持股，場外投資者可以在第2天適當介入做多。如果收出的上影線很長，且成交量非常巨大，代表股價在上漲過程中受到較大的壓力，後市可能出現回落走勢，此時投資者不要輕易進場。

在弱勢反彈行情中，有時經常出現衝高回落走勢，整個反彈過程猶如閃電般地結束。下面這個例子，是弱勢行情中快速衝高回落的走勢。

見圖表5-14，動力源股價見頂後逐波盤跌，盤面弱勢特徵明顯。在下跌過程中出現若干次閃電反彈走勢，在日線圖上收出長上影線的K線，隨後股價繼續下跌。其實從圖中可以看出，股價運行在下跌趨勢中，市場弱勢特徵十分明顯，均線系統呈現空頭發散，不斷壓制股價走低。

在這種市場環境下出現的長上影線K線，也是一次完整的反彈過程，只因行情太弱不能繼續走高。因此每一次反彈行情，都是逢高減少部位或出場的機會。

圖表5-14	動力源（600405）的盤面走勢圖

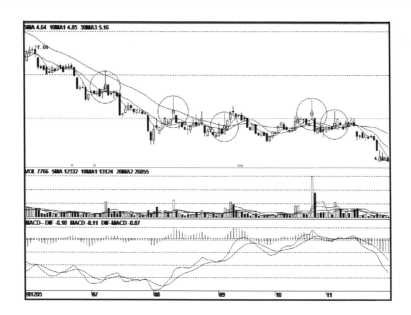

藉由分析這支股票的盤面可知，前面2根長上影線在上衝到30日均線附近時，遇到重大賣壓而回落，留下長長的上影線，第2天便出現回落走勢。投資者可以試著思考一下，如果股價運行到30日均線附近時，多方意志堅定，一鼓作氣拉起股價，成功突破30日均線的壓力，那麼後面的走勢或許會樂觀一些。

後面3根長上影線出現在橫盤區域，股價沒有成功脫離盤整區的約束，衝高回落反而強化股價受到盤整區的困擾，同時也消弱多頭士氣。而且，股價得不到成交量的積極支持，因此下跌在所難免。投資者遇到這種情況時，應迴避股價短期出現回落的風險，可以在股價衝高受壓時先賣出，等待股價站穩走強後再介入。

透過2個實例分析可以得出，在反彈過程中出現衝高回落時，如果盤面存在下列4個技術特徵，後市股價將繼續看跌：

（1）股價剛脫離頭部不久，市場處於持續跌勢中，累計跌幅不大，或

是股價的下跌速度較快,沒有出現止跌放緩跡象,後市股價仍有一定的下跌空間。此時出現衝高回落時,後市股價繼續看跌。

(2)市場弱勢特徵明顯,均線系統呈現空頭排列,30日均線對股價下壓較重。

(3)在反彈之前,成交量處於較大水平,說明做空動能充足,後市仍然有下跌動能。相反地,在反彈之後卻出現縮量現象,說明買盤不積極,後勢看空。

(4)在股價衝高回落之後的幾天裡,股價繼續下跌,盤面弱勢顯現,說明這根帶長上影線是典型的跌勢中反轉反彈動作,後市繼續看跌。

👁💲 反彈手段5:突破壓力誘多

下跌過程中出現的反彈行情上,往往會有許多壓力。當股價反彈到壓力位附近時,通常會遇到較大的壓力而出現回檔走勢。但在實戰中,主力為了吸引散戶積極跟風,故意向上突破壓力位,盡可能消除散戶對壓力位的顧忌。當散戶紛紛介入時,主力不斷出貨,形成假突破走勢。

見圖表5-15,千山藥機從高位不斷向下走低,主力在低位大量補進,為了使盤中的散戶安心持股,並吸引更多場外的散戶買進接單,在2017年3月7日向上突破30日均線的壓力,隨後30日均線開始漸漸走平,疑似構築一個非常紮實的底部。

不少散戶以為大底部已經出現,股價跌不下去,因此紛紛逢低介入。但是,隨後的走勢不像想像中那樣,主力大幅減少部位之後,股價再次向下破位,開啟新一輪調整走勢。這時,不懂主力意圖的散戶就會輕易上當,而被套其中。

該股處於弱勢震盪過程中,沒有形成強勢上漲勢頭。股價上漲面臨前期盤區壓力,在弱勢市場中的壓力往往有被放大的效果,沒有很強的力量難以突破。

從圖中可以看出,在股價衝破30日均線,沒有快速脫離突破位置,說明該位置依然對股價有牽制作用,也就是說,沒能將該位置成功轉化為有效的支撐。久而久之,股價漸漸向下滑落,回落到30日均線之下,此時主力意圖

圖表5-15 千山藥機（300216）的盤面走勢圖

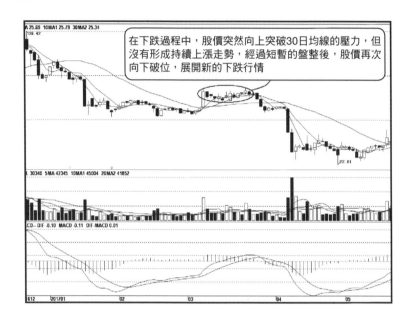

> 在下跌過程中，股價突然向上突破30日均線的壓力，但沒有形成持續上漲走勢，經過短暫的盤整後，股價再次向下破位，展開新的下跌行情。

基本上暴露無遺，30日均線將成為下一次反彈的新壓力位。

散戶遇到這種盤面的操作方法，應在股價無力繼續上漲時減少部位，當股價重新回落到30日均線之下時賣出，不要心存僥倖。

在實戰操作中，有很多能夠被主力用來製造假突破的地方，例如：均線假突破、形態假突破、前高假突破、盤區假突破和浪形假突破等。

反彈手段 6：技術指標誘多

主力手段幾乎存在每個技術分析方法中。在技術指標領域裡的虛假訊號尤為突出，主力經常在散戶常用的技術指標中，設置技術陷阱。舉例來說，均線系統的交叉、排列、發散訊號，以及MAVD、RSI、KDJ等技術指標的交叉、背離、鈍化和方向性訊號，時真時假，真假難分。這些虛假訊號在反彈階段中很常見，散戶應會認真分析出現在技術指標中的每個訊號，避免中

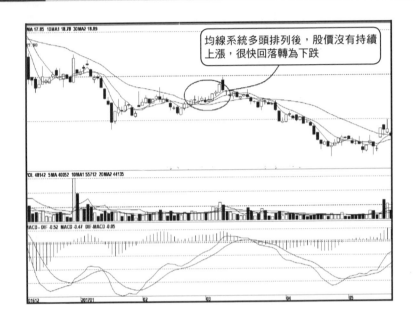

圖表5-16　飛天城信（300386）的盤面走勢圖

均線系統多頭排列後，股價沒有持續
上漲，很快回落轉為下跌

了主力的詭計。

　　見圖表5-16，飛天城信股價見頂後大幅向下調整，在低位繼續呈現下跌走勢。2017年2月20日，當股價回檔到前期低點附近時，得到技術支撐而向上反彈，在形態上有構築雙重底的跡象。很快地，5日均線轉彎向上交叉10日均線，隨後5日均線和10日均線緩慢上漲，2條線又與30日均線形成黃金交叉，表示股價漸漸進入強勢中，因此是個買進訊號。

　　但是，往後的股價走勢沒有大家想像的那麼樂觀，股價經過小幅盤升後，最終因為無力上攻而選擇向下突破。5日均線掉頭向下死亡交叉10日均線，不久再次死亡交叉30日均線，30日均線下跌，均線系統形成空頭排列，而這個死亡交叉是真正的死亡交叉訊號。從此股價出現新一輪跌勢，將買進者個個套牢其中。

　　從該股走勢圖中可以看出，當5日均線與10日均線黃金交叉時，股價處於30日均線之下，且30日均線呈現下跌趨勢。根據鑑別黃金交叉訊號可靠性

的方法「長期均線向下運行，短期均線在其下方黃金交叉，買進訊號較差」可知，該黃金交叉訊號的力道不強，屬於弱勢反彈性質。

隨後當5日均線、10日均線與30日均線再次形成黃金交叉時，30日均線呈現下跌趨勢，根據黃金交叉與普通交叉的區別「一條均線上漲，另一條均線下斜，為普通交叉。此時買進股票，風險很大」可知，該黃金交叉訊號的力道不強，股價上漲值得懷疑。

而且，在整個反彈過程中，成交量沒有明顯放大，說明做多熱情不強。另外，股價反彈時，上方遇到成交密集區的壓力，單憑溫和的成交量難以向上突破。由此可見，該股的黃金交叉訊號技術含金量不高，往往是主力設置的多頭陷阱。

在實戰中，MACD指標的黃金交叉陷阱也很常見。在圖表上，DIF線由下往上黃金交叉MACD線時，顯示市場逐步轉強或回檔結束，表明多方占有一定的優勢，為買進訊號。但在實際操作中，當MACD指標發出黃金交叉後，股價沒有大幅上漲，而是小幅反彈後即告下跌，形成一個買進的黃金交叉陷阱。

見下頁圖表5-17，正海磁材股價經過一段時間的下跌調整後，在2017年1月站穩反彈，此時緩緩下跌的MACD指標也掉頭向上，隨後DIF線向上黃金交叉MACD線。單從技術指標分析，後市股價將出現上漲走勢，因此成為一個買進訊號。

但是，MACD指標黃金交叉後，股價只有短暫的上漲行情。當股價反彈到前期頭部附近時，遇到強大的壓力，股價再次步入下跌之路。黃金交叉訊號成為一個多頭陷阱，買進的股民就會被套牢。

在該股走勢中，DIF線向上黃金交叉MACD線時，MACD線雖然也隨之上漲，但股價的上升力道不強，突破氣勢不夠，上漲底氣不足。股價受到下跌的30日均線壓制明顯，雖然一度衝過30日均線，看起來好像突破30日均線，但此時的30日均線依然不斷下降，大幅限制股價的上漲高度。

而且，股價處於相對較高位置，受到上方壓力明顯。這時成為假突破的機率較高，隨後股價再次步入調整走勢。可見得，此時MACD指標出現的黃金交叉訊號成功率不高，大多是主力為了拉高股價、減少部位，而形成的多頭陷阱，投資者應逢高出場。

圖表5-17　正海磁材（300224）的盤面走勢圖

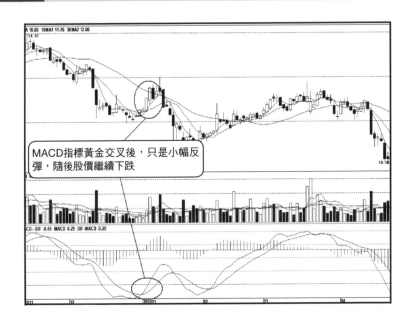

MACD指標黃金交叉後，只是小幅反彈，隨後股價繼續下跌

👁️💲 反彈手段7：弱勢反彈誘多

　　弱勢反彈通常是主力在高位沒有順利完成出貨計畫，而形成的小幅回升或橫盤走勢。股價經過一輪下跌行情後，出現小幅爬升或是形成平台走勢，成交量明顯萎縮。主力在這裡繼續實施出貨計畫，然後恢復下跌趨勢，因此股價漲幅很小，甚至沒什麼漲幅。其實它是以平台代替反彈走勢，也稱作下跌中繼平台。

　　這種形式大多出現在市場極度弱勢，或是主力出貨堅決時，在回落的中後期出現的機會最多。

　　見圖表5-18，耀皮玻璃股價見頂後大幅下跌，在下跌過程中經歷多次反彈，每次反彈結束後都創新低。在跌勢後期，股價卻以微漲或平台的方式完成反彈，反彈結束後沿著原趨勢繼續下跌。這表明市場十分疲軟，做多氣氛渙散，同時也說明主力此時有繼續減少部位的一面，為了下一輪行情做準

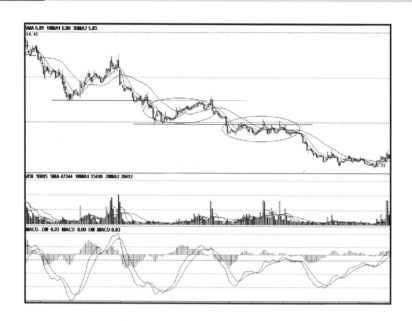

圖表5-18	耀皮玻璃（600819）的盤面走勢圖

備。散戶應避免參與這個階段的反彈操作。

　　引起反彈的因素有很多，例如：獲利保本而反彈、技術支撐而反彈、消息作用而反彈，以及股價超跌而反彈等，而該股是因為股價超跌引起的弱勢反彈。從圖中可以看出，股價處於下跌趨勢中，成交量十分低迷，股價受到下降趨勢線的壓制非常明顯。這時出現的回升只是一次弱勢反彈，反彈結束後，股價仍將繼續下跌。

　　這就是主力利用散戶喜歡搶反彈的心理，而採取的操盤方式。股價經過持續下跌走勢後，由於買盤的介入而初步獲得支撐，但這時主力沒有全部完成出貨任務，且又不想增加拉升成本，所以出現平台走勢。這時散戶以為主力整理蓄勢或醞釀反彈，而進場接走主力的賣單。主力將貨出得差不多時，股價出現向下破位走勢。

　　散戶遇到這種走勢時，應在股價衝高時出場。在股價接近5日、10日、30日3條均線黏合後，出現向下發散或股價向下突破時，應堅決斬斷部位出

場。持幣者不宜過早介入，非技術高手者以不參與為上策。

散戶該如何判斷反彈行情的強弱？以下提出8個識別方法：

（1）**是否有基本面支持**。若有基本面的潛在利多支援，反彈力道和空間一般較大，否則反彈只是主力的自救行為，力道和空間都不會很大。

（2）**準確判斷下降趨勢扭轉的大小與級別**。如果是較長的趨勢或是大週期趨勢的扭轉，反彈的力道都較強、空間較大，否則應降低反彈力道和空間的預期。

（3）**反彈時的位置**。從浪形結構上分析，若前面的循環浪形已告終結，目前是否正展開新一輪循環的1浪推動或3浪推動？如果是，那麼反彈力道較強、空間較大。若市場運行在循環浪形的A浪或C浪延長當中，或是反彈已在第5浪上，那麼對於反彈力道和空間的預測，需要持有謹慎、保守的態度。

（4）**觀察反彈過程中的量價配合情況，這是重要的指標**。如果成交量能持續有效放大，表示有場外新增資金介入，對行情的延續極為有利，反彈力道較大，反彈空間可以看高一點。如果量能持續減少，應持有謹慎、保守的態度。

（5）**觀察市場是否醞釀新熱點，且是否湧現對市場人氣有較強影響力和號召力的持續領漲類股**。如果有，反彈力道和空間會大一些；如果只是短暫熱點，要保守預測反彈力道和分析空間。如果個股處於熱點之中，甚至是領漲龍頭股，反彈力道和空間會大一些；如果不在熱點之中，屬於跟隨股，則反彈的力道要小得多。

（6）**觀察市場中是否湧現有賺錢效應的龍頭股**。反彈行情的延續，需要市場不斷培育出數個漲幅巨大的龍頭股，以此激發、領漲人氣。如果有賺錢效應的龍頭股，反彈的力道和空間會增大；如果沒有，反彈的力道和空間將受到制約，應持有保守、謹慎的態度。

（7）**注意觀察反彈中類股輪動的節奏**。如果熱點類股較集中，而且持續性較長，反彈的力道和空間就會大一些。如果熱點切換過快，類股輪動頻繁，或後續熱點不能及時跟上，那麼反彈力道和空間會大幅受限。

（8）**反彈時的技術狀態**。如果反彈是從大週期技術低點開始反彈，那麼反彈的力道和空間將大一些，否則力道較弱，反彈空間較小。

寧波富達（600724）的盤面走勢圖

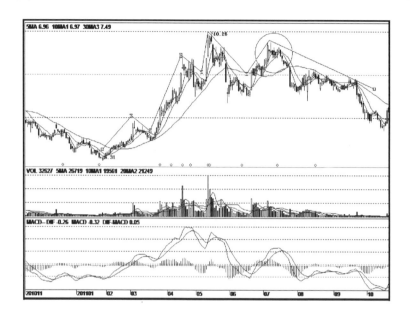

👁️💲 反彈手段 8：B 浪後期誘多

在波浪理論中，B浪是股價見頂回落後的第1次反彈，一般是以3浪或單浪形式出現。投資者往往誤以為多頭行情尚未結束，並對後市抱有幻想。不少人經常把第5浪與B浪弄混，而B浪反彈是主力高位出貨的最好機會。因此主力經常在這個階段向上拉高股價，保持強勢而活躍的盤面，目的是讓投資者誤以為上漲行情還沒結束，因此紛紛介入而被套牢。

見圖表5-19，寧波富達股價經過A浪調整後，開始B浪反彈走勢（見圖中圓圈處）。在B浪反彈後期，不斷向上拉出上漲大陽線，形成強勢上攻的勢頭。

這時候，有的投資者誤以為股價上漲尚未結束，後市將有一波上漲行情，因此紛紛買進做多。但是，股價到達第5浪高點附近時，遇到強大壓力而回落，此後股價進入C浪調整，不斷創出新的低點。

從圖中可以看出，股價到達前期高點附近時，遇到強大的壓力，這個期間出現的大陽線都是主力為了出貨而拉出的誘多訊號，因此投資者不宜追高買進。

該股的走勢圖明顯呈現波浪的發展過程。這裡要分析大陽線出現在B浪中的欺騙性，先不說後面的A、B、C 3浪，透過前面的5浪就知道，以後的波浪是以下跌走勢為主的下跌3浪。藉由這樣的判斷，投資者形成一個概念：大陽線出現後不能盲目追漲入市。那麼，這裡的B浪為何具有欺騙性？觀察圖中B浪的詳細走勢圖，可以發現這個問題的答案。

B浪的K線走勢，可說是極具規律，它緩慢地將股價拉高，K線陰陽交錯，成交量溫和放大，形成上漲的假勢頭，股價到達前期高位附近時向下打壓股價。從這些有規律的運行，很容易被誤判是主力有意識的推升股價，同時還有成交量的配合（小幅放量）。

如果這樣判斷，會掉入主力的陷阱。在圖中最容易受騙進場的地方，就是這些上漲大陽線，投資者以為回檔結束，因此選擇進場做多，不料已經墜入陷阱，後果嚴重。

由此看來，在B浪後期出現的大陽線是主力設置的多頭陷阱。投資者要清醒地發現它，理智地迴避它，否則會在之後的C浪下跌中造成巨大損失。

透過分析這個實例，投資者在實戰操作中遇到B浪後期出現的大陽線時，可以從以下5方面掌握：

（1）分析前面的波浪浪形，可以宏觀判斷這是B浪的反彈行情。在絕大多數情況下，B浪的反彈只能作為出逃機會，不能抱有太大的期望。

（2）B浪前面的K線走勢不是主力建立部位的行為，而是主力的出貨手段。主力在緩慢的推高中出貨籌碼，又在小陰下跌中出貨籌碼，因此會出現成交量單日放大的現象。

（3）成交量整體變化不大，但是與之前上升時的量能相比，有明顯縮小的現象。

（4）股價接近前面的高位區間，也就是到達A浪的起點附近時，立即賣出操作。在B浪的頭部區間內出售手中籌碼，這樣才能有效迴避C浪出現的大幅下跌。

（5）如果A浪調整呈現3浪下跌，後市下跌力道較弱，接下來的B浪反

彈會上升到A浪的起點或創新高。如果A浪是5浪下跌走勢，表明主力看淡後市，B浪反彈高度只能到A浪跌幅的0.382、0.5或0.618倍，後市C浪較弱。A浪下跌的形態，往往是研判後市強弱的重要特徵。

反彈手段 9：成交量誘多

1. 單日放量

在實戰操作中，放量上漲或放量突破已成為不少投資者的操盤經典，因此主力順應大眾心理做盤。為了吸引更多散戶參與，突然在盤中製造劇烈放大的成交量，在日K線圖上形成一根天量柱狀線。

散戶看到股價放量上漲，耐不住寂寞紛紛進場，可是第2天開始大幅縮量，隨後股價漸漸下跌。因此，單日放量的大陽線，尤其是反彈行情中出現的單日放量現象，更具有欺騙性，投資者應觀望為好。

見下頁圖表5-20，際洲油氣在震盪回落過程中，分別於2017年11月7日和2018年1月4日收出放量反彈大陽線，但次日開始立即縮量，成交量沒有持續放大，反而持續萎縮到之前的狀態，一根孤零零的巨量柱狀線猶如鶴立雞群，顯得很不協調。獨木難成林，隨後股價漸漸向下回落，再次出現一波盤跌行情。

從圖中可以看出，這是一根單日放量大陽線，來去匆匆，非常突然。這種現象在盤面上有2個特徵：一是來時毫無徵兆、去時悄無聲息，投資者無法從成交量掌握；二是大陽線當天的成交量巨大，這天創下近期的巨量，換手率高達17.75%。

這麼大的量表示什麼？它表示有大量資金在買進，也有大量資金在賣出。買進的顯然是受到股價上漲所吸引，而賣出的是主力。

如果主力在這個位置建立部位，後期的上漲行情就不會大，但如果主力出貨，巨量過後必然縮量。從當前的股價分析得出，這種走勢不是主力在建立部位，所以量能的性質不是鉅資介入，而是有資金出逃。

主流資金外逃時，千萬不能進場操作。根據成交量的變化，可以輕鬆迴避市場風險。因此，面對這種盤面中的大陽線，投資者應觀望為佳。

一般來說，真正上漲行情中的成交量呈現溫和、持續的放量過程，而不

圖表5-20 際洲油氣（600759）的盤面走勢圖

是1、2天的脈衝式放量，這種現象多數是主力對倒出貨所致。而且，在該股中出現的大陽線帶有長長的上影線，說明上方壓力較大，加強後市的下跌。因此，投資者在實戰操作中遇到這種情形時，應觀察第2天或更多天的成交量變化。如果隨後出現持續放量，可能產生一段短期上漲行情，如果第2天立即縮量，就應另覓他股。

　　見圖表5-21，航發控制股價經過一段時間的盤跌後，2017年4月11日在毫無徵兆的盤面中突然放出巨大成交量，當天收出一根放量上漲大陽線。單從這天的盤面來看，強勢特徵十分明顯，可以做為轉強訊號看待。

　　不過，第2天股價開低走低以陰線收盤，成交量出現大幅萎縮，說明股價的上漲有虛假的成份。隨後股價快速滑落，當天追高介入的投資者被全線套牢。

　　該股出現這根放量大陽線之後，為何股價不漲反跌？根本原因在於成交量。股價僅在突破的當天放出巨大天量，然後快速大幅縮量，這種沒有持續

圖表5-21 航發控制（000738）的盤面走勢圖

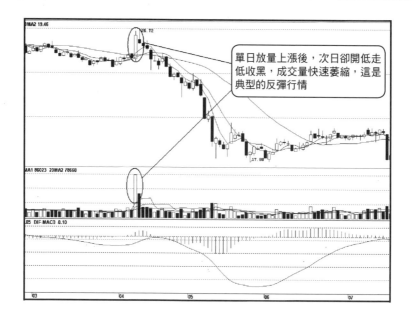

單日放量上漲後，次日卻開低走低收黑，成交量快速萎縮，這是典型的反彈行情

的間歇性放量，表明場外資金十分謹慎，跟風意願不強。因此，股價上漲缺乏內在動力，行情很難持續。股價向上突破只是主力欺騙散戶的出貨行為，是主力對倒放量所造成。所以，投資者在實戰操作中，遇到單日放量大陽線突破某個技術位置時，若之後出現快速縮量的現象，要小心突破失敗。

透過上述2個實例分析，散戶在實戰操作中遇到這種情形時，應把握以下4個技術要點：

（1）股價突然放出巨大天量時，要分析放量的原因：是多頭介入的量，還是主力對倒的量？或是受到某種消息影響所致？如果是主力對倒放量，散戶不宜進場。如果是受到消息影響而放量，還要理性分析消息。如果是多方放量買進，激進的投資者可以在當天跟進，穩健的投資者可以等待回檔時介入。

（2）界定成交量的大小，可以參考2方面的要素：一是可以與近期盤面常態情況下的成交量大小比對，大於30日成交均量2倍以上屬於巨量；二是

從換手率分析，單日換手率大於20%屬於巨量。

（3）**股價突然放量後，應關注第2天或隨後幾天的成交量變化情況**：如果隨後出現快速萎縮現象，那麼這天的放量屬於主力對倒的可能性較大，投資者不宜介入。如果隨後出現持續放量，可能是多頭進場的量，短期股價可能會有衝高動作，投資者可以適當參與。

（4）**結合股價所處位置**：如果高位出現單日放量大陽線，多為主力拉高出貨。如果出現在低位，可能是主力拉高建立部位或拉升前的試盤行為。

2. 縮量反彈

股價上漲要有成交量，這幾乎已成為每個投資者的共識，換言之，股價上漲沒有成交量配合是不可靠的。但實戰操作中，經常出現不帶量的大陽線，投資者應警惕。

見圖表5-22，夢舟股份股價經過一波反彈行情後漸漸回落，在跌勢中分別收出一根大陽線。在這2根大陽線之後，股價都沒有出現持續的上漲行情，這是為什麼呢？

從圖表中可以看出，這2根大陽線得不到成交量的積極配合，屬於無量上漲現象，為虛漲聲勢。這是主力利用少量的資金拉出大陽線，達到自己出貨的目的。而且，該股處於下降通道中，盤面十分脆弱，均線系統呈現空頭排列，股價反彈到30日均線附近時，遇到強大的壓力。因此，無量空漲的大陽線是典型的弱勢反彈現象，這是主力動用少量資金拉出實體大陽線，來欺騙經驗不足投資者的手段。

見圖表5-23，上海新梅在股價下跌過程中，不時出現一些小幅反彈，反彈結束後股價都出現下跌走勢。2018年6月1日開始，出現向上反彈行情，盤中收出幾根上漲陽線。但這些陽線之後，沒有出現持續走強態勢，股價很快轉入盤跌走勢。

從圖表中可以看出，這些陽線同樣得不到成交量的積極配合，僅僅在當天的反彈中出現小幅放量現象，隨後立即快速萎縮。這表示股價得不到市場的積極回應，散戶跟風意願不強，場外資金十分謹慎。由於股價上漲缺乏內在動力，行情很難持續上漲，只是虛漲聲勢而已，所以市場重新步入下跌調整走勢。

夢舟股份（600255）的盤面走勢圖

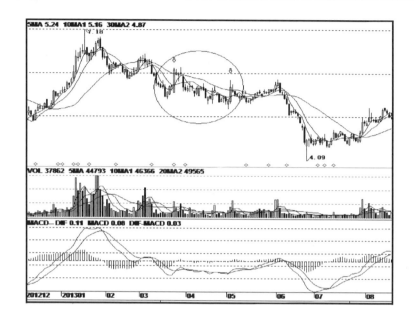

上海新梅（600732）的盤面走勢圖

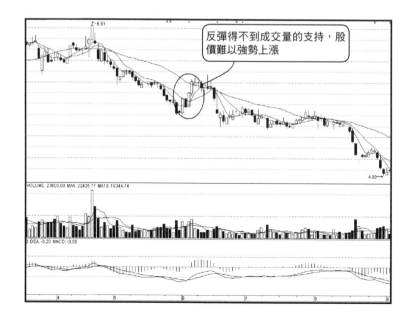

反彈得不到成交量的支持，股價難以強勢上漲

在實戰操作中，遇到股價無量空漲時，如果隨後幾天裡沒有出現補量，不應盲目樂觀。透過上述2個實例分析，在實戰操作中遇到這種情形時，應把握以下5個技術要點：

（1）在股價上漲之前，市場成交量處於低迷狀態，這時若出現放量上漲，預示股價有見底跡象，投資者可以關注隨後幾個交易日的量能變化。

（2）在股價上漲之前，市場成交量本身處於放大狀態，這時若出現縮量上漲，反映市場做多熱情有所退卻，後續能量不繼，股價存在回檔的可能，此時投資者應擇高退出為宜。

（3）在股價出現縮量上漲之後，應關注隨後幾個交易日裡的成交量變化情況。若出現補量，後市可以繼續看漲，若仍然處於低迷狀態或進一步縮量，後市不宜盲目樂觀。

（4）在主力高度控盤的情況下，出現縮量上漲時，股價仍然可以看高一點。這時可以從主力意圖、持股成本、股價位置、市場氣勢等因素，進行綜合分析。

（5）股價開盤後快速拉至漲停且封盤不動，這時形成縮量大陽線，後市繼續看漲，這是股價封盤後惜售所致。

3. 放量不漲

股價經過充分調整後，如果在低位成交量持續放大，表明有場外資金介入，後市理應看好，故在實戰中有「低位放量會漲」之說，是投資者介入的最佳時機。因此，主力正利用投資者的思維定式，在下跌途中對敲放量，造成低位放量吸貨的假象，當投資者紛紛介入後，走勢卻向下突破，股價再下一個台階。

見圖表5-24，天業通聯上市後一路下跌，股價從28.35元下探到7.25元時站穩反彈。經過短暫的反彈後形成盤整走勢，成交量明顯萎縮。不久，成交量持續大幅放出，股價向上漲升。此時出現持續大幅放量，被散戶認定為階段性底部，更是迷惑不少投資者（也有股評竭力推薦）。

但是，股價沒有真正見底，反彈結束後再創新低，成交量也開始萎縮。此後，盤面上一路調整一路下跌，散戶一路追進一路被套。

其實，這類個股的盤面較好判斷，只要分析量價關係就會發現其中的疑

圖表5-24 天業通聯（002459）的盤面走勢圖

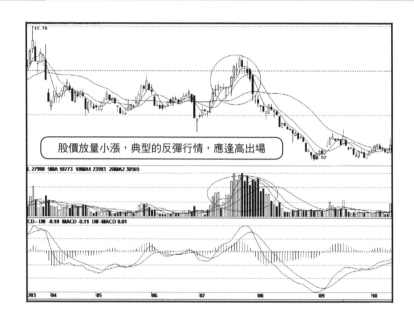

股價放量小漲，典型的反彈行情，應逢高出場

點，也就是量與價形成明顯的矛盾，即量大而價小漲或微漲，這就有問題了。盤中出現大量，而股價只是小幅上漲，明顯不成比例，屬於典型量價失衡的現象，這就是主力對倒出貨或減少部位行為。投資者只要釐清這個問題，你的看盤水平就會提高很多。

實戰中還有值得注意的現象——逆勢放量，也就是逆大勢而行，大盤上漲它不漲，大盤下跌它不跌。通常，個股走勢在多數時間裡是隨大勢而行，只有在某段時間裡主力為了自身利益，走出與大盤相逆的獨立行情。

在大盤上漲或下跌時，它聞風不動構築平台整理，而某一天或某一段時間大盤放量下跌，個股紛紛翻綠下跌時，該股反而逆勢飄紅，放量強勢上漲，可謂萬綠叢中一點紅，很吸引眾人眼球。這時許多投資者認為，該股敢於逆勢上漲，一定有潛在的利多題材，或者有大量新資金注入其中，於是大膽跟進。

不料，該股往往只有短暫的行情，隨後反而加速下跌或陷入盤整走勢，

圖表5-25	華斯股份（002494）的盤面走勢圖

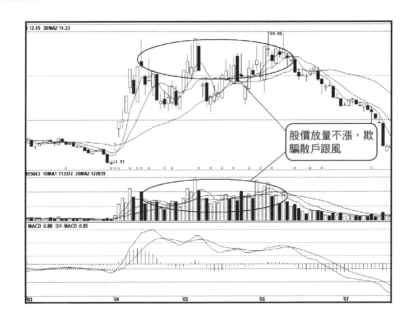

導致許多在逆勢放量上漲時跟進的散戶被套牢。

　　見圖表5-25，華斯股份從2017年4月14日開始，大盤出現一波快速下跌行情。市場一度形成恐慌情緒，多數個股出現大幅下跌走勢，而該股在此期間卻一枝獨秀逆市上漲，成交量持續放大，走出獨立上漲行情，成為當時市場的閃亮熱點。

　　不少散戶看到該股的表現後，認為主力做多堅決，於是紛紛進場。但是，5月11日之後，當大盤真正見底回升時，該股只是小幅跟風上漲，不久轉為下跌走勢，使散戶中了主力的騙局。此後，該股陷入漫長的盤整走勢中。

　　從走勢圖中可以看出，股價看似突破前期高點，但美中不足的是盤面值得懷疑，股價在盤中大起大落，震盪幅度較大，表明主力沒有掌控整個局面，且心情焦慮。在成交量方面更值得深思，出現如此大量，但股價走勢不凌厲，這反映出什麼？這種手段的目的是吸引散戶目光，造成股價放量上漲的虛假繁榮盤面。這時可以用放量不漲來定論，因此值得警惕。

5-3 散戶介入反彈要以避風險為主，切忌貪心更不能死守

👁 反彈的 5 個注意事項

（1）反彈的形式複雜多變，不能以固定思維套用反彈的公式，更別說反彈階段的操作風險遠遠大於介入吸貨、整理、拉升的時候。

（2）不少投資者喜歡搶反彈，但沒有一定的功夫不行介入。這時候，就需要知道可能發生反彈的大致位置和幅度，以及掌握退出的時機。

（3）介入反彈不能運用牛市思維，不能太貪心，更不能死守，否則會葬身反彈之中。

（4）反彈不一定會發生，只是可能發生，也可能只是走勢暫時站穩（實質是為了繼續下跌而蓄勢），股價構築一個小平台後繼續下跌。

（5）介入反彈賺錢的機率較小而賠錢機率較大，因此大家沒必要把過多的精力投入反彈的研究中。另外，應該以避免風險為主，以賺小錢為輔，千萬不能把介入反彈當作炒股賺大錢的主要目標，否則會本末倒置。

👁 反彈應遵循的 5 個原則

（1）**快進快出原則**：動作遲緩者，不適合搶反彈。
（2）**獲利就跑原則**：不能寄予太高的獲利要求。
（3）**停利停損原則**：無論盈虧，都應設立停利、停損的價位。
（4）**輕倉介入原則**：介入反彈不可重倉出擊，輕倉為宜。
（5）**把握時機原則**：遇到大盤剛開始反轉，個股剛開始暴跌，個股長

期下跌不止等情形時，不應介入搶反彈。相反地，大盤或個股下跌幅度已十分巨大或出現利空時，是考慮介入反彈的時機。同樣地，應在反彈結束時掌握果斷出場的機會。看不懂時，若有股票應減少部位，若沒有股票應觀望。

💲 容易反彈的股票有哪些？

（**1**）**前期明星股**：一波多頭行情通常是由數支強勢股領漲。但在跌市中，有些個股由於嚴重被套，出不了貨，或是手中籌碼尚未出貨乾淨，因此反彈行情一旦形成，該類個股即開始作秀。

（**2**）**大盤指標股**：股市下跌時，指標股往往成為空頭主力率先打壓的工具。隨著大盤指數不斷下挫，空方勢力漸成強弩之末。此時多頭準備反擊，拉抬指標股成為主力烘托人氣帶動大盤反彈的有效手段。所以，適時選擇指標股建立部位，可以使投資者迅速取得立竿見影的效果。當然，各個指標股的反彈表現不盡相同，那些絕對價位低、流通盤適中、業績穩定的個股效果可能更好。

（**3**）**嚴重超跌股**：尤其是嚴重超跌股的績優股與新股。某些績優股雖然股性不活躍，本身卻質地優良。一旦出現反彈局面，這類因為股價下跌突顯投資價值的個股，很快又會反彈回到合理的價值區域。一些跌市中上市的新股，由於上市時恰逢股市低迷而定位不高，上方更無套牢盤，很容易成為主力的選擇對象。

（**4**）**活躍小型股**：流通盤偏小，使主力控盤相對容易，反彈時向上拉升自然較省力。股性活躍的個股，盤中的主力更不會放棄反彈良機，借勢震盪，以博取價差。

（**5**）**近期強勢股**：有時候，一輪跌市看似接近尾聲時，卻突然加速下滑，這往往有主力打壓的因素存在。某些具有潛在題材的個股，經常成為搶反彈的首選目標。隨著股市下跌，機構採取暗度陳倉的手法，悄悄收集籌碼。大盤反轉後，這類個股通常能走出極具爆發力的行情。

第 **6** 章

短線主力都是怎麼操盤？
剖析著名溫州幫的作法

6-1

認識股市幫派能更了解主力，
看溫州幫如何建立部位

在股市中，各種幫派叢生，隨著時局的變化時現時隱。這裡的幫派就是主力，是不同領域、不同地區的主力行為。散戶對幫派又愛又恨，既敬仰又恐懼。

近年來，股市中悄然掀起一種新的短線主力運行模式，就是耳熟能詳的游資行為。市場上的短線游資大多以溫州幫為著稱，這也是短線主力的代表。溫州幫不一定是溫州人操盤，而是一些私募機構借用溫州民間資金優勢，進行短期炒作股票的行為。

從市場觀察分析，溫洲幫股票短期漲幅一般在30%左右，有的甚至達到50%，操作時間多則1個月，少則3、5天。這麼短的時間、高的漲幅，能不受投資者喜愛嗎？因此，市場中有越來越多人關注溫州幫的行蹤。

本章專門全面深入剖析溫州幫的運作過程，作為讀者在認識短線游資時的參考。

溫州幫的吸籌方式頗有特色。在多數情況下，它們吸籌時的分時圖走的很生硬、粗暴，拉升與打壓幅度都較大，有明顯的斷層，分時圖是跳躍式的，直上直下，還有很多分時圖在十幾分鐘內處於橫盤。在整體建立部位階段，K線表現為小級別的小陽線緩緩推升，陽緩陰急，陽多陰少。

溫州幫的建立部位方式大致有3種：一是緩慢推升式建立部位；二是大起大落式建立部位；三是快速拉高式建立部位。

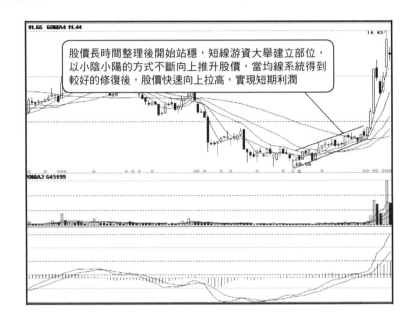

圖表6-1　北方稀土（600111）的盤面走勢圖

股價長時間整理後開始站穩，短線游資大舉建立部位，
以小陰小陽的方式不斷向上推升股價，當均線系統得到
較好的修復後，股價快速向上拉高，實現短期利潤

建立部位模式 1：緩慢推升式

　　股價站穩後，溫州幫悄悄介入，底部緩緩向上移動，但盤面走勢十分沉寂，不會被場外人士看好，而場內人士看到不冷不熱的盤面也會解套出場，經過一段時間的運行後，基本上完成建立部位計畫，時機一到股價就會快速上漲。

　　見圖表6-1，北方稀土經過長時間的下跌整理後，下跌空間有限，股價跌無可跌，這時短線游資選中這支超跌低價股，當股價站穩後，游資悄然介入。

　　從圖中可以看出，2017年6月初以來，股價重心開始緩緩上移，K線小陰小陽交錯上漲，一切在悄然中進行。從盤面中沒有察覺到游資的行蹤，在分時走勢中毫無規律，走勢鬆散、不流暢、上竄下跳，讓散戶沒有興趣介入。當游資成功完成建立部位計畫後，在7月6日開始加速上漲，股價出現連

圖表6-2　廈門鎢業（600549）的盤面走勢圖

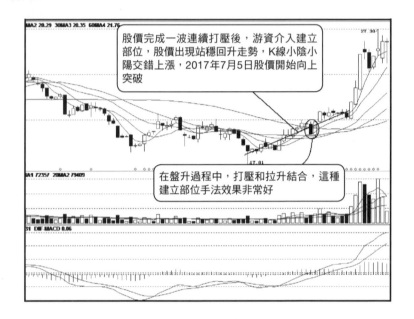

圖表6-2　廈門鎢業（600549）的盤面走勢圖

> 股價完成一波連續打壓後，游資介入建立部位，股價出現站穩回升走勢，K線小陰小陽交錯上漲，2017年7月5日股價開始向上突破

> 在盤升過程中，打壓和拉升結合，這種建立部位手法效果非常好

續上漲，帶動整個板塊走強。

　　見圖表6-2，廈門鎢業從2017年5月26日開始連續向下打壓，股價創出整理新低，造成技術破位之勢，不少散戶恐慌出場，此時短線游資大舉介入，股價探底回升。隨後，股價緩慢向上推升，返回到均線系統之上，K線小陰小陽組合，盤面走勢凌亂，游資繼續在這個期間吸納籌碼。

　　當游資完成建立部位計畫後，且在形態上具備拉升條件，這時短線主力抓住時機，於7月5日開始放量向上突破小平台，此後股價出現快速上漲，短期漲幅接近30%，達到游資的短期獲利目標。

建立部位模式2：大起大落式

　　在股價大起大落的震盪中，有不少散戶高賣低買操作，而高賣低買對多數散戶來說操作難度較大，往往造成低位丟失低價籌碼，如此一來溫州幫很

| 圖表6-3 | 遠望谷（002161）的盤面走勢圖 |

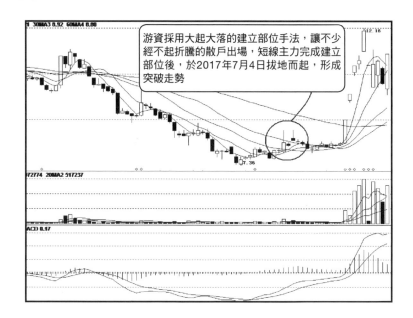

游資採用大起大落的建立部位手法，讓不少經不起折騰的散戶出場，短線主力完成建立部位後，於2017年7月4日拔地而起，形成突破走勢

容易拿到散戶手中的籌碼。

　　見圖表6-3，遠望谷見頂後出現長時間的下跌調整，累計跌幅超過77%，投資價值顯現，這時短線游資看中該股，當股價下探到8元下方後，漸漸站穩，游資開始悄然建立部位，但由於股價已經下跌到低位，散戶停損盤已經不多。

　　這時候，短線游資主力採用大起大落的手法與散戶捉迷藏，在2017年6月15日和6月19日的2個交易日裡，股價大起大落，不少散戶經不起折騰，將籌碼賣給主力，然後經過短暫的橫向窄幅震盪後，股價在7月4日拔地而起，出現一波快速拉升行情。

　　通常，大起大落式建立部位手法有2種盤面表現方式：一種是在分時走勢中，盤中出現大起大落現象，另一種是在日K線組合中大起大落，收出大陰大陽K線形態。該股就是在分時走勢中出現大起大落的情況。

圖表6-4　億緯鋰能（300014）的盤面走勢圖

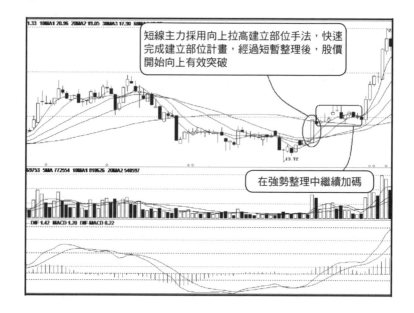

建立部位模式3：快速拉高式

溫州幫講究時間，為了快速完成建立部位計畫，往往採用拉高建立部位手法，讓短線散戶獲利出場，盡量減少時間成本。

見圖表6-4，億緯鋰能2017年6月初，股價再次回落到前期低點附近，這時該停損出場的散戶早已出場觀望，而沒有停損的散戶也在等待反彈機會出場，於是短線游資投散戶所好，開始安撫他們。股價在6月13日小幅開低後逐波上漲，最後封於漲停板位置。

這時，前期沒有停損的散戶擔心股價再次下跌，而選擇逢高出場操作，可是隨後股價沒有出現明顯的下跌走勢，經過短暫的橫向震盪整理後，6月30日發力向上拉升，走出一波短線亮麗行情。

6-2

洗盤時具有 4 個特徵，
往往鎖定不受關注的冷門股

　　溫州幫選的個股大多是一些不被投資者關注的冷門股，最重要的是，洗盤出現在小幅拉升之後，由於市場跟風盤多，大多採用開低走低和縮量收大陰線的方式洗盤，洗亂散戶的操作思路。主要特徵有以下4個：

　　（1）洗盤時間較短，大多在1、2個交易日結束。

　　（2）縮量收大陰線或連續收陰，幾乎吞沒前面一根或數根陽線。

　　（3）跌幅不會很深，一般在10日或30日均線附近。

　　（4）震盪幅度較大。

　　見下頁圖表6-5，上海臨港是一個洗盤時間較短的實例。該股在2017年5月23日和24日收出2根陰線，擊穿前期低點支撐，造成加速下跌之勢，這時不少散戶擔心股價大幅下跌而停損，短線游資卻大量吃進散戶賣出的籌碼。隨後，股價漸漸站穩回升到30日均線上方，短線主力一邊推升股價一邊吸納籌碼。

　　當主力完成建立部位計畫後，展開一次洗盤走勢，整個洗盤過程基本符合上面的特徵，6月8日開始連收3根陰線，股價回落到30日均線附近，吞沒前期漲幅的一半，而且盤中震盪幅度較大。

　　由於此時整個形態沒有形成強勢走勢，因此這時會有不少散戶隨著下跌而停損出場。當盤中浮動籌碼基本上被清洗出去之後，從6月13日開始出現一輪上攻走勢。

　　見下頁圖表6-6，洛陽鉬業洗盤時間相對較長，第一波上漲之後，進行12個交易日的洗盤整理過程，才能展開新的拉升行情。

圖表6-5　上海臨港（600848）的盤面走勢圖

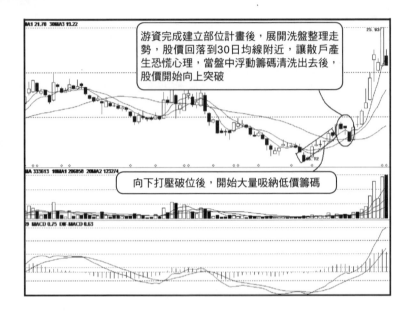

游資完成建立部位計畫後，展開洗盤整理走勢，股價回落到30日均線附近，讓散戶產生恐慌心理，當盤中浮動籌碼清洗出去後，股價開始向上突破

向下打壓破位後，開始大量吸納低價籌碼

圖表6-6　洛陽鉬業（603993）的盤面走勢圖

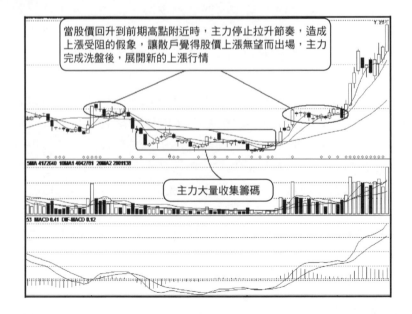

當股價回升到前期高點附近時，主力停止拉升節奏，造成上漲受阻的假象，讓散戶覺得股價上漲無望而出場，主力完成洗盤後，展開新的上漲行情

主力大量收集籌碼

該股主力採用壓力位洗盤方式，也就是上漲受阻的洗盤方式。主力將股價拉升到一個顯而易見的壓力位附近時，故意停止拉升、不突破，而在壓力位附近製造震盪走勢，造成難以突破的假象，進而放大上方的壓力效果，散戶見到股價攻而不破時，以為後市股價上漲無望而放棄持股，主力以此達到洗盤目的。

從盤面中可以看出，該股在2017年2月反彈結束後，進入下跌整理走勢，當股價回落到前低附近時，短線主力開始大規模逢低悄然吸納籌碼，順利完成建立部位計畫。

從6月初開始股價站穩上漲，6月16日當股價推升到前期高點附近時，遇到前期高點附近的壓力，此時主力不急於向上突破，而是在前期高點附近做洗盤整理走勢，盤面出現滯漲現象。

這時候，不少散戶發現股價久攻不破，認為上方壓力較大，擔心股價再次下跌，於是紛紛賣出籌碼觀望。可是，股價經過12個交易日的洗盤調整後，於7月5日發力向上，一舉突破前期高點壓力位，此後股價連續走高。

見下頁圖表6-7，漢鐘精機進行大幅震盪式洗盤。該股主力在下跌過程中，採用打壓和推升手法建立部位。2016年12月12日和2017年1月中旬，出現2次明顯的打壓動作。

為何會說這是打壓建立部位而不是下跌行情的開始？因為該股基本面穩定，股價累計下跌幅度較大，已經回落到前期低點附近，盤中長時間出現持續縮量狀態，說明獲利盤已經不多，在這種情況下繼續下跌的空間不大，所以不是下跌行情的開始。既然不是新的下跌走勢，就是主力故意打壓，而主力打壓的目的是為了後面更好的上漲，所以這是建立部位的行為。

但是，主力建立部位光靠打壓是不行的，所以打壓一陣子後，股價開始緩慢回升走勢。這時主力為何採用緩慢的推升走勢？因為在前期暴跌過程中，仍有一部分散戶來不及退出，而主力採用推升手法主要是想再次給這些散戶出場機會。因此，主力一邊推升一邊建立部位，將股價慢慢抬高，當主力建立部位基本完成之後，就展開大幅震盪洗盤走勢。

在洗盤過程中，主力採用2種盤面走勢：一是在分時走勢中，盤中出現大起大落現象。分別在4月14日和17日、以及4月24日和25日盤中出現大幅波動走勢，多數散戶經不起這種盤面波動而退出。二是在日K線組合中大起大

圖表6-7　漢鐘精機（002158）的盤面走勢圖

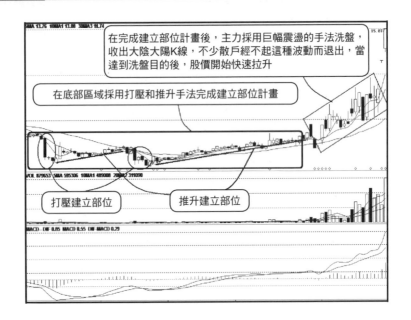

落，收出大陰大陽K線形態。在3月29日至4月26日的走勢中可以看出，K線大陰大陽，這種大幅波動的盤面較少見，因為多數會被震盪出場。

　　見圖表6-8，華資實業是連續縮量收黑的實例。該股在長時間下跌整理中，累計跌幅超過65%以上，股價嚴重超跌。這時主力資金開始逢低吸納低價籌碼，2017年4月股價漸漸站穩，在5月中旬出現見底回升走勢，但這時主力由於手中籌碼不多，因此不急於拉升股價，在股價小幅反彈後再次回落，並採用打壓手法壓低股價。

　　6月2日出現向下破位，擊穿前期低點支撐，造成反彈結束、股價再陷跌勢的假象。這時候，不少散戶以為股價會出現新一波下跌走勢，而紛紛拋售手中籌碼。

　　但是，6月2日股價在盤中創出新低之後，沒有出現持續的下跌走勢，反而很快站穩並進入橫向震盪走勢，這時又有一批散戶感到股價回升無望而退出。

圖表6-8　華資實業（600191）的盤面走勢圖

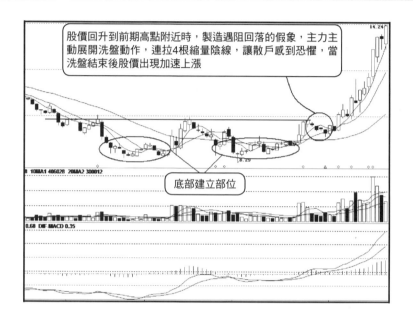

股價回升到前期高點附近時，製造遇阻回落的假象，主力主動展開洗盤動作，連拉4根縮量陰線，讓散戶感到恐懼，當洗盤結束後股價出現加速上漲

底部建立部位

　　至此，主力建立部位計畫基本完成，於6月21日開始發力上攻。但是，該股的主力非常狡猾，當股價回升到10元上方時，再次停止拉升，造成股價上漲遇阻的假象，將短線跟風盤清洗出場，導致股價再次回落。

　　在洗盤過程中，從6月27日開始連續收出4根縮量調整陰線，雖然陰線實體不大，下跌幅度不深，但是對散戶造成很大的壓力。散戶以為股價無法突破前期高點，擔心股價再次回落，使自己被套牢，於是開始拋售出場。

　　主力這種洗盤手法效果十分明顯，當股價回檔到30日均線附近時，洗盤適可而止、調整結束，股價於7月5日開始放量向上突破，從此走出一波上漲行情。

6-3 拉升前不動聲色，一旦啟動就用 3 個模式速戰速決

　　一般情況下，溫州幫多數是開平後急拉，在拉升之前不動聲色、風平浪靜，一旦進入拉升就如同蛟龍得水，三五分鐘就能拉漲停。溫州幫通常在上午10:30～11:00或下午2:00前後，人氣最旺時將股價拉至漲停。

⑤ 拉升模式 1：頑強

　　這種方式在拉升過程中，股價沿著一定的角度穩步上漲，不受大盤漲跌影響。主力拉升往往一氣呵成，中間沒有明顯的大幅洗盤動作。絕大多數採用依託均線、邊拉邊洗的方式。主力拉升思路明確，股價走勢軌跡明顯，常常走出上漲的獨立上升態勢。主力開始大幅洗盤之際，標誌著拉升行情結束之時。這種拉升方法有3個顯著特徵：

　　（1）在拉升行情初期，股價常常走出極小幅度的陰陽交錯，以及慢牛爬坡的緩慢走勢，這個階段是主力建立部位或加碼階段。

　　（2）拉升速度有所加速，經常依託均線系統邊拉邊洗，拉升前期和中期，主力在早盤將股價推高之後，任其自由換手，不會過多關照股價，使股價常常出現自由落體之勢，在回落至下軌線處或必要的技術圖形時，主力再度護盤，重新吸引多頭買盤。走出非常規律的走勢，藉此吸引多頭資金積極買進股票，起到助莊作用，可謂四兩撥千斤。

　　（3）上漲式拉升，後期往往以快速拉升瘋狂刺激多頭買盤，人氣因此達到高潮，一般會採用各種轉換角色的方式，誘導、促使場外的散戶失去理智與控制能力，產生過量的投資熱情，這也是行情見頂的訊號。

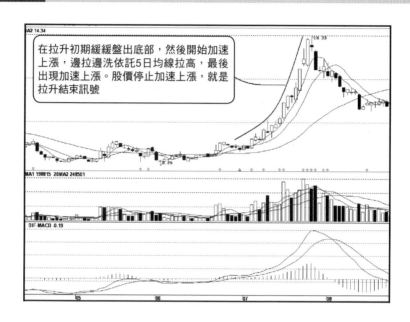

圖表6-9　華資實業（600191）的盤面走勢圖

在拉升初期緩緩盤出底部，然後開始加速上漲，邊拉邊洗依託5日均線拉高，最後出現加速上漲。股價停止加速上漲，就是拉升結束訊號

這種拉升方法在多數情況下都是受到客觀條件制約，駐莊期相對較長。絕大多數主力控盤要占到流通盤的30%～40%，漲幅多以50%～100%不等，很少有超過100%以上的漲幅。

見圖表6-9，華資實業在上漲初期，K線陰陽交錯，股價緩慢上漲。隨著股價上漲，其拉升速度加快，邊拉邊洗依託5日均線上漲。在拉升後期，股價出現加速上漲，以刺激多頭買盤，使不少失去理智的散戶追漲買進。當主力停止拉升時，就是短期見頂訊號。

⑨ 拉升模式 2：直線

這種拉升方式猶如火箭發射，一旦啟動升勢，行情銳不可擋。特別是第1個漲停，通常都來得非常突然，一步到位，一口氣拉漲停，飆升行情驚天動地。

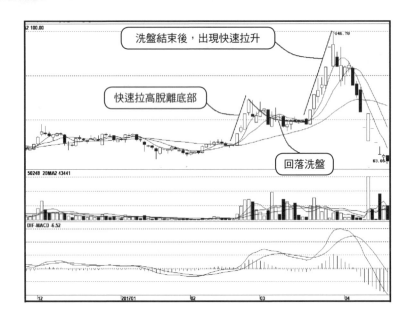

圖表6-10　超訊通信（603322）的盤面走勢圖

　　但縱觀這類個股，在行情飆升前，往往要經過較長時間的吸貨過程。在這整個建立部位過程中，股價猶如一灘死水、波瀾不驚、臭不可聞。然而，當主力悄悄掌握流通盤50%～60%的籌碼後，一旦啟動升勢，往往升勢如虹、氣沖霄漢。

　　這種主力做起事來駕輕就熟、神清氣爽，而且實力絕非一般，運作個股通常後市都有強大的題材配合，準備工作異常充分。選擇的個股多為中小型股較多，有的主力炒作起來常常得意忘形，直到把股價玩到令人難以置信的地步，成為真正的空中樓閣，導致最終玩火自焚。

　　見圖表6-10，游資介入超訊通信完成建立部位後，在2017年2月21日快速拉高脫離底部區域，然後回落洗盤整理，等待30日均線上漲。3月20日洗盤結束，股價放量漲停，隨後持續拉高，7個交易日股價達到66%漲幅。

　　從走勢中可以看出，股價上漲氣勢如虹、勢不可擋，主力思路清晰、有恃無恐，股價一步到位，拉升一旦結束就是階段性頭部。

圖表6-11　利君股份（002651）的盤面走勢圖

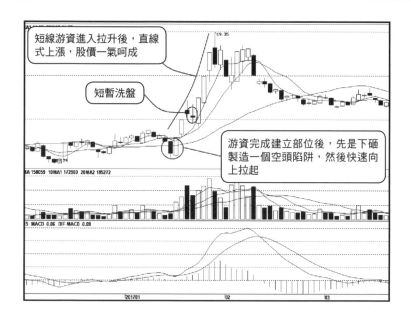

　　見圖表6-11，利君股份短線游資完成建立部位後，操盤手法十分詭異，先是來一個下砸動作，充分嚇退部分散戶後，在2017年1月16日快速拉漲停，次日繼續封板，然後短暫洗盤。

　　經過一天的快速洗盤之後，再次連續拉出3個漲停板，第4天衝高回落，股價形成頭部。在整個拉升過程中，動作緊湊、手法凌厲、來勢凶悍，當散戶反映過來時，股價已經站在高位，不得不逢高買進，而此時正是風險來臨的時候。

拉升模式 3：手法進化

　　以前已經有不少人將溫州幫與徐翔相比，但操盤方式進化後的溫州幫，其恐怖和凶狠程度已遠遠超過徐翔，不少人已經跟不上溫州幫的操盤步伐。

　　見下頁圖表6-12，三夫戶外2016年10月19日在午間收盤前開始向上突

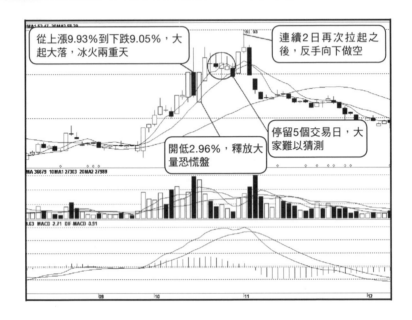

圖表6-12　三夫戶外（002780）的盤面走勢圖

從上漲9.93%到下跌9.05%，大起大落，冰火兩重天

連續2日再次拉起之後，反手向下做空

開低2.96%，釋放大量恐慌盤

停留5個交易日，大家難以猜測

破，午間開盤後股價繼續走高，漲幅最高達到9.93%。就在大家都期待再次封漲停時，盤面發生了180度大轉變。僅半小時功夫，股價就下挫超過15%，盤中一度跌停，截至收盤跌9.05%，全天振幅高達19%。

次日，該股開低後向上翻紅，之後開始橫盤。午間開盤後，股價開始拉升，最終順利封板。雖然期間有開板，但尾盤強勢回封。

至此，該股在過去11個交易日中上漲60%，在短短2天時間裡又走出一組奇葩的K線，而它詭異的分時線基本上可以推斷其被主力高度控盤，再結合龍虎榜資料，股價大起大落與游資溫州幫很難脫離關係。

藉由分析該股走勢，可以發現溫州幫的操盤方式更有技術性：

（1）**更加配合技術性**。溫州幫通常股本在10億左右的小型股，然後採取不講理的拉升，迅速收集籌碼。之後追求高度換手，通常換手可以達到100%。完成高換手之後，進行第2波拉升，並且在拉升過程中逐漸出貨。在出貨尾聲階段，使用標誌性的一字斷魂刀。

　　但在該股中，它的操盤方式沒有太多不講理的地方。在9月29日溫州幫拉升的第1天，公司公告擬定增募資6億元復牌，而之前的7個交易日，股價走勢接近水平線，成交量也極為清淡。這種走勢的好處在於，多條均線在該處黏合。從技術上來說，均線黏合會為將來的走勢提供爆發力。

　　在技術形態提供支撐後，溫州幫在拉升當天，運用預先埋伏的少量籌碼將股價小幅下壓。從K線來看，下殺製造的下影線成為當期的新低。早盤下跌5%，不能說是大跌，但給散戶造成較大的心理影響，使手中的籌碼更容易被洗出。

　　在製造適當的恐慌之後，溫州幫開啟股價的拉升之旅。整個拉升過程中用大單盡量吃光賣盤，不給其他游資或散戶機會。

　　（2）以T＋0代替連續漲停。 在完成第1個漲停後，接下去的5個交易日內不曾再有漲停。猜想背後的原因，一方面是連續漲停太過招遙，另一方面是前期操盤手法被曝光後，有相當多的游資與散戶想要搭便車，借溫州幫拉升做短線，而溫州幫顯然不願意為人作嫁，因此在操盤時改變原先連續封漲停的方式，給其他游資與散戶造成判斷障礙。

　　透過每天衝高回落的操作，溫州幫對手頭上的籌碼進行T＋0買賣。這麼做可以降低籌碼成本，也能夠迷惑其他投資者，客觀上套牢一部分人。

　　在T＋0的操作中，溫州幫過於追求超高換手率。之前操作其他個股時，沒有在該股中見到40%以上的超高換手率。由此可見，溫州幫正在試圖掩藏自己的連續漲停和超高換手率。

　　（3）未來走勢更加難以捉摸。 以往出現一字斷魂斬之後，溫州幫會繼續砸盤式出貨。但是，在該股中經歷狂砸19%後，溫州幫10月20日再次強勢買進拉起，出乎所有人意料。

　　不知道有多少人在10月20日開低後，害怕溫州幫進一步砸盤，而採取拋售操作？溫州幫近來的操作方式，讓那些試圖跟著一起吃肉的散戶跟不上節奏。當大家都在猜測溫州幫要拉漲停時，卻連續5個交易日讓股價停留在窄幅區間內。當大家又猜測溫州幫要進一步砸盤時，卻又讓股價迅速漲停，讓賣出者懊惱不已。

6-4 出貨時擅長揮舞斷頭刀或一字斷魂刀，使散戶被套牢

出貨模式 1：漲停

　　這種出貨方法同為拉高出貨，但這是股價以漲停板的方式，將拉高出貨的行為演繹至高級階段。主力將股價拉高後進入加速上漲階段，並且上漲速度越來越快，出現飆升行情，使觀望的跟風盤忍不住誘惑，原本獲利的跟風盤也由於利潤的快速增值，產生虛妄的放大狀態，進而產生惜售心理。

　　主力往往會抓住機會，以巨量的買單將股價封至漲停，使多頭買氣達到高潮。這時，後進的跟風買單紛至沓來。股價已牢牢封住漲停，因為股市交易規則採取時間優先和價格優先原則，在漲停價格的掛單是一致的，無法分出高低，而時間上則仍有先後之分。

　　首先，時間處在前列的是主力的巨量買單，排在後面的是中小散戶的跟風盤。這樣，主力採用「明修棧道，暗渡陳倉」的方法悄悄撤出掛在前列的買單，再將這些買單掛在跟風盤後面。

　　如此看來，漲停板上的巨量買單數量沒有任何變化，甚至還有增多的現象。主力能夠以小批量的賣單，逐步將手中的籌碼過渡給排在前面的散戶。這種漲停出貨的手段既能賣上好價格，又不會引起投資者的警覺，可謂一箭雙鵰。

　　見圖表6-13，浙江世寶短線游資完成建立部位計畫後，2016年8月10日開始連續向上拉高，短線產生較大利潤。這時短線主力需要兌現獲利籌碼，8月16日股價再拉漲停，以此吸引散戶跟風，然後數次開板出貨，成交量放大，尾盤再封漲停。第2天，股價低開後衝高回落收陰，把在漲停板位置買

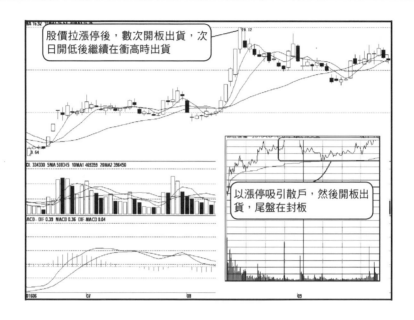

圖表6-13　浙江世寶（002703）的盤面走勢圖

> 股價拉漲停後，數次開板出貨，次日開低後繼續在衝高時出貨

> 以漲停吸引散戶，然後開板出貨，尾盤在封板

進的跟風者一網打盡。

　　見下頁圖表6-14，通合科技股價快速拉高之後，短線游資獲利較大，主力需要出場出貨。2016年11月24日和25日連續拉漲停，但封盤不堅決，盤中頻頻打開封盤，表示主力暗中出貨，而尾盤封於漲停，保持完美的漲停板形態。當短線主力基本完成出貨之後，股價出現跌停，並在跌停板位置完成清倉出場。

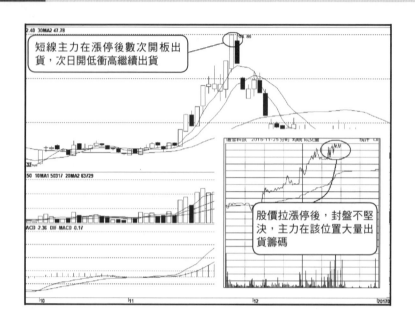

圖表6-14　通合科技（300491）的盤面走勢圖

💲 出貨模式2：跌停

　　短線游資一旦開始大批量出貨，就會採用斷頭刀收尾，或者出現一字斷魂刀形態，這就是跌停板出貨。

　　在股價快速上漲過程中，由於人類與生俱來的貪婪心理，都奢望賣個更高的價錢，所以在漲升過程中極少有人出手，主力因此快人一步，趁散戶好夢未醒時，搶先拋售籌碼，首先套住上檔後買進的跟風盤，然後一路拋售直至跌停，將敢於搶反彈者一網打盡。

　　這種手法需要心狠手辣，利用大盤或個股人氣極高時，反手做空，令眾多散戶防不勝防，這種手法也稱作跳水出貨。

　　見圖表6-15，超迅通信游資介入該股完成建立部位後，出現一波快速拉高行情，主力獲利十分豐厚。2017年3月29日，大幅開低8.7%後，盤中衝高翻紅，最高上衝到上漲7.2%，許多散戶看到如此強勢上漲，忍不住買盤介

圖表6-15　超迅通信（603322）的盤面走勢圖

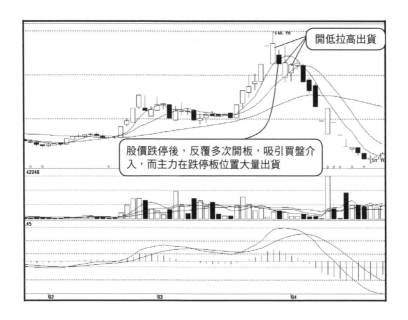

入。但是，第2天繼續開低5.6%，小幅衝高後股價回落走低，直奔跌停。

　　主力在跌停板位置大量出貨獲利籌碼。次日，又是大幅跳空開低，盤中大幅拉高翻紅，主力在股價衝高過程中大量出貨。當主力在大幅震盪中，成功出貨籌碼後，股價開始向下跳水，除了跌停還是跌停，出貨慘烈。

　　見下頁圖表6-16，利君股份短線游資完成建立部位後，一氣呵成，快速將股價拉到預定目標，然後在高位悄悄兌現獲利籌碼。主力在拉高出貨的同時，也採用跌停出貨手法，因為此時籌碼已經不多，即使跌停出貨也不影響整體獲利。

　　2017年2月3日和2月10日2次出現跌停，第1次跌停後，股價再次拉升，主力繼續在高位出貨，第2次跌停後有的散戶以為股價也會有反彈，因此紛紛介入做多，這時由於主力籌碼已經不多，很順利將手中籌碼出貨出去，所以股價再也沒有拉起，此時介入的散戶全部被套。

圖表6-16　利君股份（002651）的盤面走勢圖

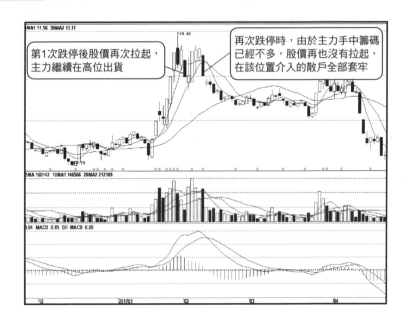

第1次跌停後股價再次拉起，主力繼續在高位出貨

再次跌停時，由於主力手中籌碼已經不多，股價再也沒有拉起，在該位置介入的散戶全部套牢

💲 出貨模式3：推升

短線游資主力無心戀戰，心理壓力也頗大，在持籌極重的情況下，又想全身而退，不得不採取一邊做高股價吸引跟風盤，一邊藉機出貨的策略。在股價拉升途中，經常出現下跌時成交量賣單較集中且持續的現象。

從盤面成交量來看，下跌時成交量能相對逐步放大。隨後突然出現買單，買單更加集中，也很持續，股價迅速走高，成交量也放大。整體給人的感覺像是2個旗鼓相當的多空主力在進行對抗賽。其實，操作機制是主力在跟風盤旺盛時賣出一批籌碼，再趁上檔賣壓較輕時抓緊時機做高股價，以穩定長期投資者的持股信心，且繼續吸引後繼跟風盤。

周而復始，循環拉升。在股價拉升到剩餘籌碼有足夠的出貨空間時，做多動能突然消失，蕩然無存，股價進入橫盤或下跌階段，成交量也開始萎縮得很小，使很多散戶誤以為主力仍在其中，沒有出場，而麻痺大意。主力手

圖表6-17　浙江世寶（002703）的盤面走勢圖

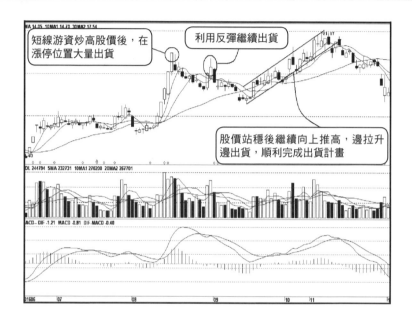

短線游資炒高股價後，在漲停位置大量出貨

利用反彈繼續出貨

股價站穩後繼續向上推高，邊拉升邊出貨，順利完成出貨計畫

中籌碼此時所剩無幾，慢慢震盪出貨。

　　見圖表6-17，浙江世寶2016年8月短線游資大幅拉高股價後，先在漲停板位置出貨一部分獲利籌碼，然後在反彈中再次出貨。但是，市場環境欠佳，主力出貨不順利。

　　不久後，股價回落受到盤整區支撐而回升。此時主力且拉且出，不是急速拉升，而是老牛拖破車慢慢拉。主力讓散戶跟進，自己慢慢賣，因為貨多不會急砸，有時候借漲停出貨。所以，溫州幫的股票頻開漲停時，投資者不可以追，否則會套得很慘。

　　見下頁圖表6-18，江陰銀行是一支溫州幫介入程度較深的新股。股價大幅拉高後，主力先是利用橫盤震盪出貨，在出貨後期採用向下打壓後再拉起，然後在股價推高過程中繼續慢慢出貨。當主力順利完成出貨計畫後，股價從2017年5月2日開始大幅向下跳水。

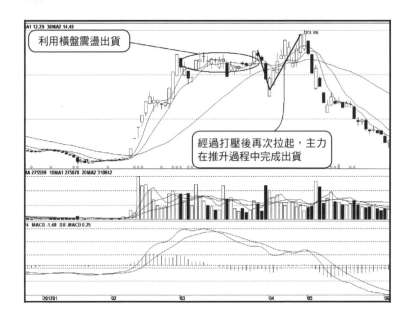

出貨模式4：開低

股價經過前面的拉高後，採用開低出貨，將前一天買進的跟風者全線套牢，再採用邊打邊撤的出貨方案。在這個過程中，主力充分了解散戶貪婪的心理，並利用各種形態的心理誘導，使散戶不能擺脫對後市發展趨勢的盲目幻想，沉迷在對後市反彈，甚至反轉的惡性循環的心理狀態。

當這種情況持續一段時間後，股價已緩慢下跌一定的幅度，主力為了使持股者堅定信心，讓持幣者加入，這麼做往往會轉換多空角色，採用反手做多方式，施展心理誘導戰術，在整個戰術做空的基礎上做多，重新套牢一批後繼的跟風盤。

見圖表6-19，福達股份短線游資連續拉高股價後，獲利非常巨大。2016年7月12日，主力先是在漲停板位置悄悄出貨，第2天出其意外地直接從跌停板價位開盤，將前一天買進的散戶全線套牢。

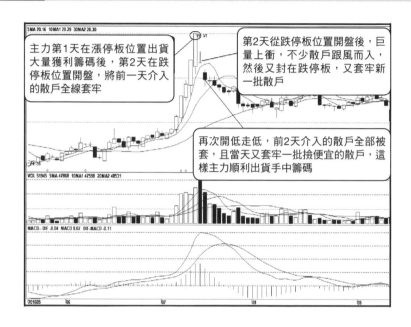

圖表6-19　福達股份（603166）的盤面走勢圖

第2天從跌停板價位開盤後，主力用巨量打開封盤，股價出現上衝，此時一些缺乏風險意識的散戶貿然跟風而入，然後股價又回落到跌停板位置，這樣又套牢新一批散戶。

第3天，股價繼續開低走低，將前2天介入的散戶全線套牢，且當天又套牢一批撿便宜的散戶，經過幾番折騰，主力順利將手中籌碼出貨。整個出貨過程乾淨利落，流暢自如，不留痕跡。

見下頁圖表6-20，通合科技短線游資出貨手法與福達股份如出一轍，主力出貨手法發揮得淋漓盡致。2016年11月25日主力採用漲停手法出貨，第2天開低後2度上衝翻紅，在第1天漲停價買進的散戶還賺得不夠付手續費，因此基本不會出場，然後股價又封在跌停板，這樣又套牢新一批散戶。

第3天，大幅跳空開低走低，股價再次跌停，將前2天介入的散戶全線套牢，特別是在漲停板位置買進的散戶套牢幅度已經超過20%。隨後幾天反彈到缺口附近時受壓回落，股價越跌越深。

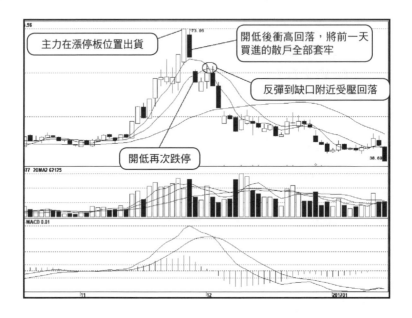

圖表6-20　通合科技（300491）的盤面走勢圖

主力在漲停板位置出貨

開低後衝高回落，將前一天買進的散戶全部套牢

反彈到缺口附近受壓回落

開低再次跌停

　　可見得，溫州幫出貨不講章法、不顧人情，手法極為蠻橫、毒辣。溫州幫介入的多數個股，出貨方式是短時間大單砸死跌停，接下來便是直接一字跌停，眾多散戶完全來不及反映。

6-5 整體操盤模式呈現出 5 個特點，你可以這樣辨別

　　從上述相關席位操作過的個股可以看出，溫州幫的操盤模式基本上，就是橫盤、直線飆升、橫盤、直線跳水，盤面走勢屢見不鮮，大資金頻繁出入跡象顯著。

溫州幫的主要特點

　　自2016年以來，溫州幫不斷活躍在股市，屢屢製造慘案。溫州幫的操作具有以下5個特點：

　　（1）所選股票股本非常小，流通市值在30億元以下，方便拉升。

　　（2）通常選擇滬市股票，因為滬市的龍虎榜規則一向苛刻，漲停當日不上龍虎榜，具有非常強的隱蔽性，主要是避免搶籌，更可以避免其他投資者太早發現他們的意圖。

　　（3）選擇冷門股票，尤其是長期不受市場關注的標的，這些個股方便建立部位，由於不是熱門股或題材股，吸籌不會提高成本，也相對成功。

　　（4）這些標的股票出現第1個漲停板時，一般是使用快速拉漲停的手法操作。

　　（5）喜歡業績較差的個股，機構投資者少，最好沒有。溫州幫炒股「英雄不問出身」，賺一把就走人，更不看業績如何。

⊚ 溫州幫的識別技巧

（1）較簡單的識別方法是看分時圖。在股價上漲時，分時圖走勢非常生硬，直上直下，毫無規律。另外，還有一種情況是橫盤時突然大量下殺，不計成本。

（2）這個方法是在收盤後，去榜上看是否有溫州幫所在的席位。但是，隨著市場和媒體的關注增多，給大家帶來一些不便。不過，可以藉由交叉比對或尋找營業部的歷史操作記錄，找出持股共性，還是能發現溫州幫的蹤跡。

（3）由於配資原因，很多溫州幫股票容易暴漲暴跌，如果出現短期內大漲大跌、前天漲停或後天跌停的股票，就需要注意，因為後面可能還有一波快速拉高行情。

（6-6）交易標的大多是中小型股，買賣容易引發劇烈漲跌

　　股市裡的幫派其實很早就有了，只是一波倒下、一波又起。當管理層風聲緊的時候，幫派很快便銷聲匿跡，過一陣子之後又風生水起。如今溫州幫重現江湖，又給市場產生恩恩怨怨的決鬥。

　　股市經過多年發展，滬深股市已是門戶成堆、派系林立。目前根據2級市場業務來說，股市幫派大致可分為以下6種類型：

　　（1）國資委派系：包括中國石油系、中國石化系、中國化工系、國家電力系、國家電網系、電子資訊系、電子科技系、航太科技系、航空工業系、兵器工業系、兵器裝備系、中國船舶系、中國核工業系、東方電氣系、中國醫藥系、三九系、中糧系、華源系、藍星系、寶鋼系、中鋁系、一汽系、東風系、大唐系、華電系、中遠系、普天系、長城系、中信系、華潤系和招商系等31大派系。

　　（2）地方國資委派系：包括首創系、上海電氣系、光明食品系、深圳中航系、賽格系、太極系、特變電工系和斯威特系等8大派系。

　　（3）高等院校派系：包括北大系、清華系、青鳥系、中科院系、浙大系和哈工大系等6大派系。

　　（4）民營企業派系：包括明天系、復星系、萬向系、中植系、華立系、新湖系、泰躍系、湧金系和德隆系等9大派系。

　　（5）地域派系：包括北京幫、湖南幫、寧波幫、東北幫、溫州幫，青島幫、上海幫、佛山幫和福建幫等較為突出。

　　（6）私募派系：根據規模大小，包括固利系、優素系、蓮華系、韋航系、紫熙系、奇獲系、鴻凱系、原點系、凱納系和柯林系等10大私募派系。

在資本市場中，舊的派系消失，新的派系誕生。股市就像一個舞台，上演著一幕幕派系盛衰恩怨的戲碼。

⑤ 溫州幫的主要席位

根據媒體報導，溫州幫游資的活躍帳戶，主要集中於上海證券溫州月樂西街營業部、銀河證券溫州錦繡路營業部，以及長江證券溫州車站大道營業部等營業部。

上海證券溫州月樂西街營業部，2016年下半年在不同時段共登上成交龍虎榜38次，其中36次上榜集中在7到9月之間，10月和11月僅各有1次。如此頻繁的上榜只展現在20支個股上（見圖表6-21），短時間內買進和賣出大額資金。7月以來該營業部公開的龍虎榜合計買進13.51億、賣出15.79億，若考慮個股未公開的交易日，期間成交將遠遠大於統計。交易中涉及的個股絕大多數為中小型股，大筆買賣容易引發股價暴漲、暴跌。

同樣地，銀河證券溫州錦繡路營業部和長江證券溫州車站大道營業部上榜的個股，也具有上述特徵，而且3家營業部同時頻繁買賣相同個股。

2016年7月以來，銀河證券溫州錦繡路營業部上榜涉及到16支個股，除了宏盛股份、拓中股份、中電電機、奇正藏藥、上海亞虹、茂化實華、新農開發之外，其餘9支個股和上海證券溫州月樂西街營業部上榜時間基本一致，而長江證券溫州車站大道營業部上榜次數相對較少，只涉及11支。

2017年上半年，溫州幫席位現身的情況：無錫銀行（600908）現身1次，江陰銀行（002807）現身9次，海量資料（603138）現身1次，平治信息（300571）現身1次，德新交運（603032）現身3次，熙菱信息（300588）現身2次，榮晟環保（603165）現身1次，吉比特（603444）現身2次，視源股份（002841）現身2次，道恩股份（002838）現身1次，金海環境（603311）現身1次，傑克股份（603337）現身2次，絕味股份（603517）現身2次，正裕工業（603089）現身2次，名雕股份（002830）現身3次，皖天燃氣（603689）現身1次，新座標（603040）現身1次，兆易創新（603986）現身3次，道道全（002852）現身2次，牧高笛（603908）現身2次，捷捷微電（300623）現身2次等。

圖表6-21		2016 年下半年上海證券溫州月樂西街營業部上榜個股		

股票簡稱	買入金額（萬元）	買入金額（萬元）	總股本（億）	期間股價表現
安德利	35376.62	33395.50	0.80	漲停—跌停—漲停—跌停
甘肅電投	21842.48	33525.71	9.71	連續漲停、高位連續暴跌
東方新星	19847.04	28938.18	1.01	連續漲停、連續跌停
利君股份	11560.78	4544.38	10.03	連續漲停
福達股份	11240.33	12475.16	5.92	連續漲停、高位連續暴跌
武漢中商	8841.62	14016.29	2.51	連續大漲
中南建設	4604.71	6039.61	37.10	大幅上漲
中房地產	4255.69	2149.10	2.97	連續漲停
松發股份	3222.20	—	0.88	上漲
旭光股份	3123.23	—	5.44	高位大跌
佳隆股份	2727.21	1.78	9.36	漲停
上峰水泥	2084.84	7984.01	8.14	間斷漲停、跌停
電光科技	1704.40	163.03	3.23	漲停
豐元股份	1188.71	1261.59	0.97	漲停
凱瑞德	939.36	248.34	1.76	漲停
安利股份	621.27	1656.72	2.17	間斷漲停
渤海股份	155.53	8351.29	1.95	連續暴跌
紅陽能源	—	1602.63	13.33	連續漲停
京城股份	—	1595.79	4.22	漲停

　　此外，溫州幫經常出現的席位有：中信證券杭州四季路營業部、國金證券上海奉賢區金碧路營業部、華鑫證券樂清雙雁路營業部、華林證券紹興金河橋大道營業部、國金證券上海互聯網分公司營業部、中天證券杭州慶春路營業部、銀河證券溫州大南路營業部、華泰證券上海黃和新路營業部等。

後記

再高明的陷阱也有破綻，
主力剋星幫助你跟莊致勝

　　主力意圖，詭計多端。股市中，如果基本體制的根基不變，運行方式就不會出現根本性的改變，還是會出現暴漲暴跌的行情，並存在假象。散戶依然處在大部分時間沒有獲利機會的市場環境，這是股市恆久不變的規律。

　　因此，在當前股市中，主力手段層出不窮，為了達到目的，使用詭異的手段陷害散戶，讓散戶跳進技術陷阱中。然而，主力陰謀並非無懈可擊，再高明的陷阱也會在圖表上留下破綻。只要循著主力的蛛絲馬跡，就會發現主力的用意所在，就能抓住主力，最終在市場上取勝。

　　股市千變萬化，主力狡猾奸詐、手法險惡，很難事先預防，且有時主力意圖不可能事先被掌握，只有在市場運行過程中，才能逐漸被發覺和認識。而且，我們很難理解主力，只能憑藉想像，也就是主力行為很難被散戶掌握，散戶只能透過盤面來分析和判斷，至於得出的結果是否正確，完全在於個人的悟性。

　　面對各式各樣的主力意圖，關鍵是遇到同樣的主力意圖時，不要情不自禁地再次往裡面鑽，而是學會如何避開陷阱，並以其人之道還治其人之身，這才是本書期望要達到的效果。

　　如果你在實戰中，活用書中提供的識別主力意圖和操盤的方法，並且不斷累積經驗、探索規律、感悟股性，逐步形成一套可以識破主力、追蹤主力和克服主力，並適合自己的技法，就能夠在瞬息萬變的股市中立於不敗之地。我相信，不少讀者將來就是從股市中竄出的大黑馬。

　　我身為本書著者，深知要感謝太多給予幫助的人，有太多人可以分享出版這本書的榮譽。沒有廣大讀者的認可，就沒有本書的生存市場，更不會使這些技術得以推廣，所以第1個要感謝的是你們的支持。

　　在這裡，要感謝中國經濟出版社的大力支持，更要感謝本書策畫人及責任編輯葉親忠先生，他對本書提出許多真知灼見的專業修改意見，並親自動手斧正，他的幕後支持讓我深為感激。在此書付梓之際，致上最衷心的謝意。

　　在寫書的過程中，得到不少專家和學者的精心指導，使本書有個恰當的定位，能夠滿足投資者的願望，更加貼近實際盤面。書中內容雖然表達我個人觀點和見解，但也包括其他人的研究成果和實戰經驗。這些材料在理論和實踐中都具有很高的創造性，十分珍貴。因此，我要在此對這些專業人士致上最衷心的感謝，感謝他們慷慨分享專業知識。

　　願本書在實戰操作中，為廣大讀者帶來一點啟示、創造一份財富。

NOTE

/   /   /

國家圖書館出版品預行編目 (CIP) 資料

別讓主力賺走你的錢：115 張技術圖表，買在最低風險，決定超級
獲利／麻道明著
-- 初版 . -- 新北市：大樂文化有限公司，2022.12
256 面；17×23 公分 . --（Money；42）

ISBN：978-626-7148-13-6（平裝）
1. 股票投資　2. 投資技術　3. 投資分析
563.53　　　　　　　　　　　　　　　　111011640

Money 042

別讓主力賺走你的錢

115 張技術圖表，買在最低風險，決定超級獲利

作　　　者／麻道明
封面設計／蕭壽佳
內頁排版／思　思
責任編輯／張巧臻
主　　　編／皮海屏
發行專員／鄭羽希
財務經理／陳碧蘭
發行經理／高世權、呂和儒
總編輯、總經理／蔡連壽
出 版 者／大樂文化有限公司（優渥誌）
　　　　　　地址：220 新北市板橋區文化路一段 268 號 18 樓 之 1
　　　　　　電話：（02）2258-3656
　　　　　　傳真：（02）2258-3660
　　　　　　詢問購書相關資訊請洽：2258-3656
　　　　　　郵政劃撥帳號／50211045　戶名／大樂文化有限公司

香港發行／豐達出版發行有限公司
地址：香港柴灣永泰道 70 號柴灣工業城 2 期 1805 室
電話：852-2172 6513　傳真：852-2172 4355

法律顧問／第一國際法律事務所余淑杏律師
印　　　刷／韋懋實業有限公司

出版日期／2022 年 12 月 29 日
定　　　價／340 元（缺頁或損毀的書，請寄回更換）
I S B N　978-626-7148-13-6